知りたい！なりたい！
職業ガイド

マンガ

《新版》

生き物を育成する仕事

養蜂業者
養殖漁業者
馬の牧場スタッフ

協力：一般社団法人日本養蜂協会、庵治漁業協同組合、日生町漁業協同組合、谷口牧場

ほるぷ出版

目次

知りたい！なりたい！

「仕事」ってどんなもの？

　この本のコミックで活躍《かつやく》する登場人物は、「なるなるタウン」という小さな街の住人たちです。街のはずれには清らかな水をたたえた川が流れ、田んぼや森林などの自然も豊かです。町の中には学校があり、商店街があり、テレビ局もあります。駅や空港など交通機関にかかわる施設《しせつ》や、気象台、放送局などの通信施設に、警察、消防署、病院などの公共施設も充実しています。また、いろいろな産業を支える工場や会社があります。そこには、さまざまな仕事があり、その仕事にたずさわる人たちが生活しています。

　コミックに登場する友だちは、いま、自分の将来について思いをはせています。一体、自分に適しているのはどんな仕事だろうか、自分はどんな仕事を目指したらいいのだろうか、友だちは悩《なや》み考えながら将来の夢を探しています。その途中《とちゅう》で、いろいろな仕事の現場にさまよいこみ、そこで活躍している人たちと出会っていきます。そうして、自分の将来にかかわる悩みを解消し、夢を実現するための答えを発見していきます。

　その答えを発見するためのガイドをしてくれるのは、それぞれの仕事の現場で活躍している人たちです。

　本シリーズでは、毎回さまざまな仕事に触《ふ》れながら、その仕事はどんな世界を形作っているのか、その仕事に就《つ》くためにはどうしたらいいのか、その答えを探っていきます。その中ではきっと、あなたが自分の将来について疑問に思っていたり知りたがったりしていること、または興味をもっていることも見つかるはずです。

　さあ、あなたも「なるなるタウン」で仕事発見の旅に出《で》かけてみませんか。

●この本はこう利用してください

people

仕事の扉《とびら》を開けると、まずベテランの人が登場します。その人が就《つ》いている仕事と活躍している世界について語ってもらいます。

people
養蜂業は多くのミツバチと共生しながら、自然に囲まれて行う健康的な仕事です。
木村 眞實さん
まず、ミツバチが住みよい環境を作ることが大切です。

コミックガイド

ひとつの仕事についてテーマごとに構成、マンガで問い掛《か》けをしながら本文で答えるという形式で詳《くわ》しく触《ふ》れていきます。

コミックガイド
自然と共生する養蜂の世界

だから私はこの仕事

コミックガイドで紹介《しょうかい》した仕事を3～5年経験している人が登場。仕事を選んだ理由やなるための努力、夢を語ってもらいます。

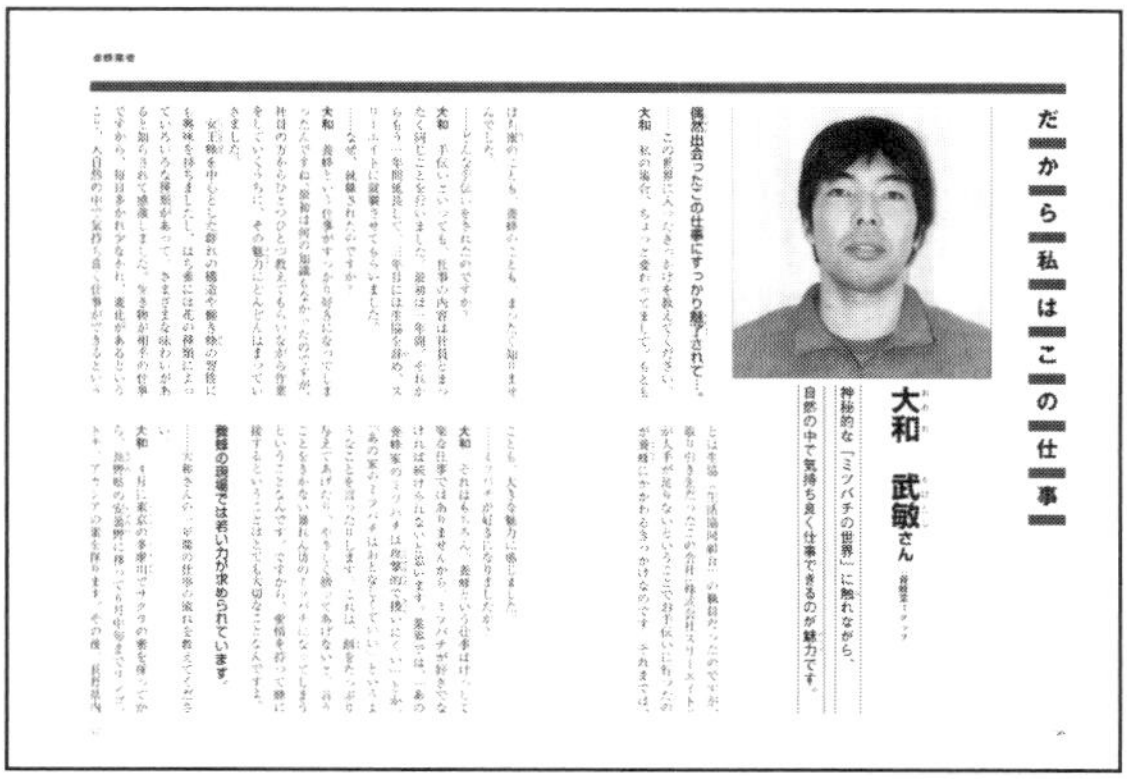
だから私はこの仕事
大和 武敏さん
神秘的な「ミツバチの世界」に触れながら、自然の中で気持ち良く仕事できるのが魅力です。
偶然出合ったこの仕事にすっかり魅了されて…。
養蜂の現場では若い力が求められています。

イントロコミック

生き物を生産し育てる人たち

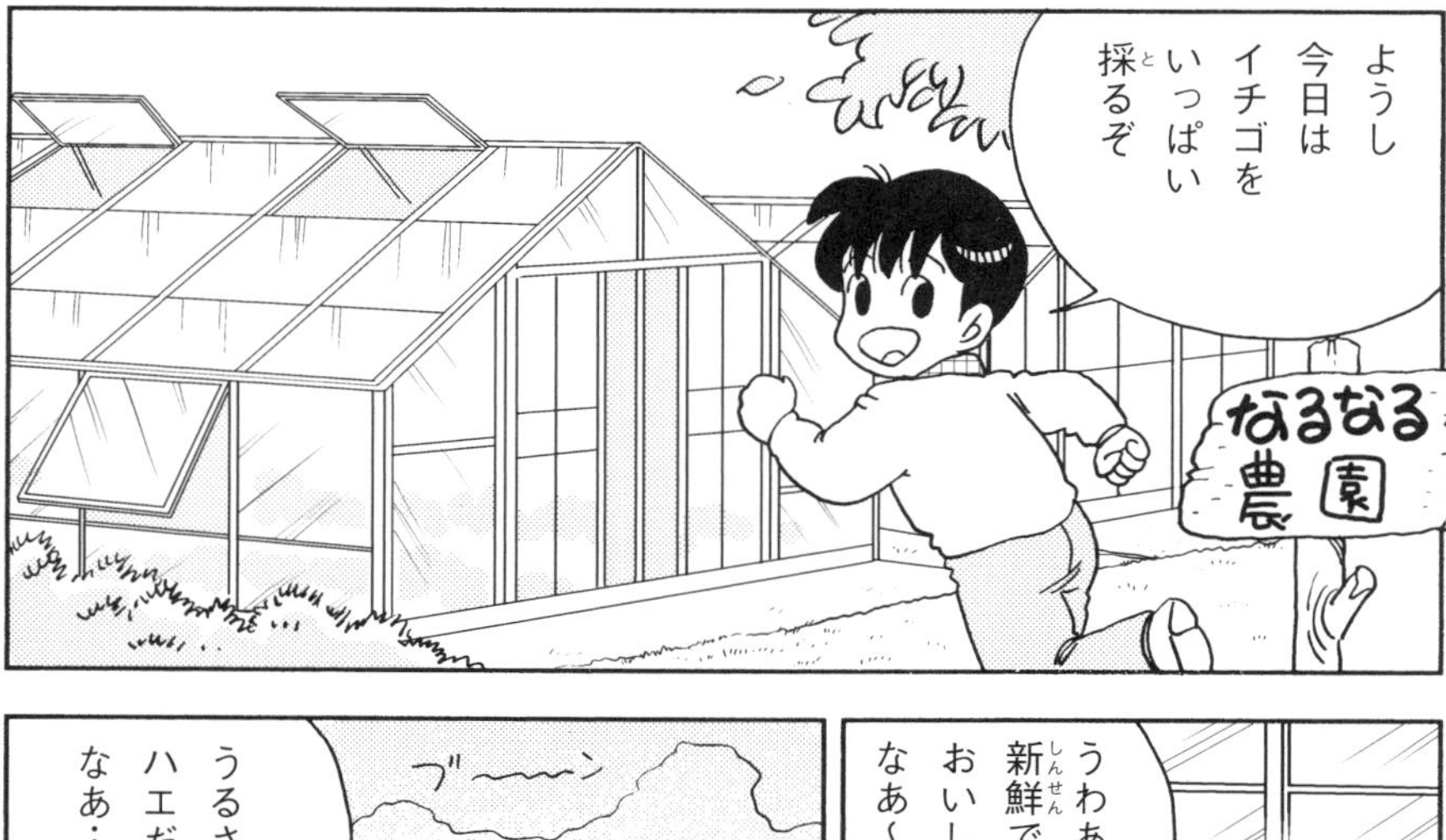
ブ～ン
ブ～ン
うるさいハエだなあ…
ん!?

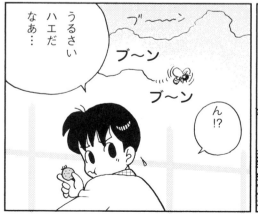

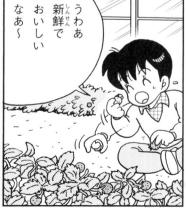

ブ〜ン
うわぁ ハエじゃなくて ハチだぁ!!
ミツバチはめったに人をおそわないから大丈夫さ
ほんと!?
でもイチゴを栽培《さいばい》しているビニールハウスにどうしてミツバチがいるのかな
それはミツバチの習性とかかわりがあるんだな
ほらね!!
■ミツバチのおもな習性
①花から花の蜜《みつ》を採取して巣にたくわえる
②花から蜜をすうときにいっしょに花粉を運ぶ
そうか 花から花へ花粉を運ぶミツバチの習性がここでは役立っているんだね

ハウス内で野菜やくだものを作るために人工的に花粉を配合することをポリネーションというんだ
わっ
ブ～ン
ぼくが活躍するんだよ
■ポリネーション
人工的に作られた環境《かんきょう》の中で作物を実らせるにはポリネーター（花粉媒介者《ばいかいしゃ》）は欠かせない存在《そんざい》。中でもミツバチは管理しやすいポリネーターとしてもっとも利用されている。
でもどうやってミツバチを集めるの？
ミツバチは野生のものでなくて飼い育てたものを利用しているんだよ
げっ!!
ミツバチを飼っている人がいるの？
はい
私がミツバチを育成管理しています
うわぁすごい数のミツバチがいるぞ
ブン
ブン
はい私の仕事は養蜂《ようほう》業ですから

私たちは人工の巣箱を作り
そこでミツバチを自然の生態と同じように飼育しています
自然のままのしくみが再現されているのか…ということは
その通り!!
はち蜜《みつ》を生産しています
蜂蜜
養蜂業とはミツバチを飼育してはち蜜を多くの人たちに供給する農業なんだ
なるほど
おいしいはち蜜を食べることができるのも養蜂業のおかげなんだ
あま〜い

いやぁ自然の環境を人工的に作るとは
養蜂《ようほう》業とは私たちが営んでいる漁業に似ているなぁ
そういうあなたは誰《だれ》ですか？
私は養殖《ようしょく》漁業を行っている漁師です
養蜂と養殖…どちらも「養《やしな》う」という字がついているけどね
そうなんだよ
養殖漁業とは海の酪農《らくのう》とか海の畜産《ちくさん》と言われているんだ
でもどこで何を養殖しているの？

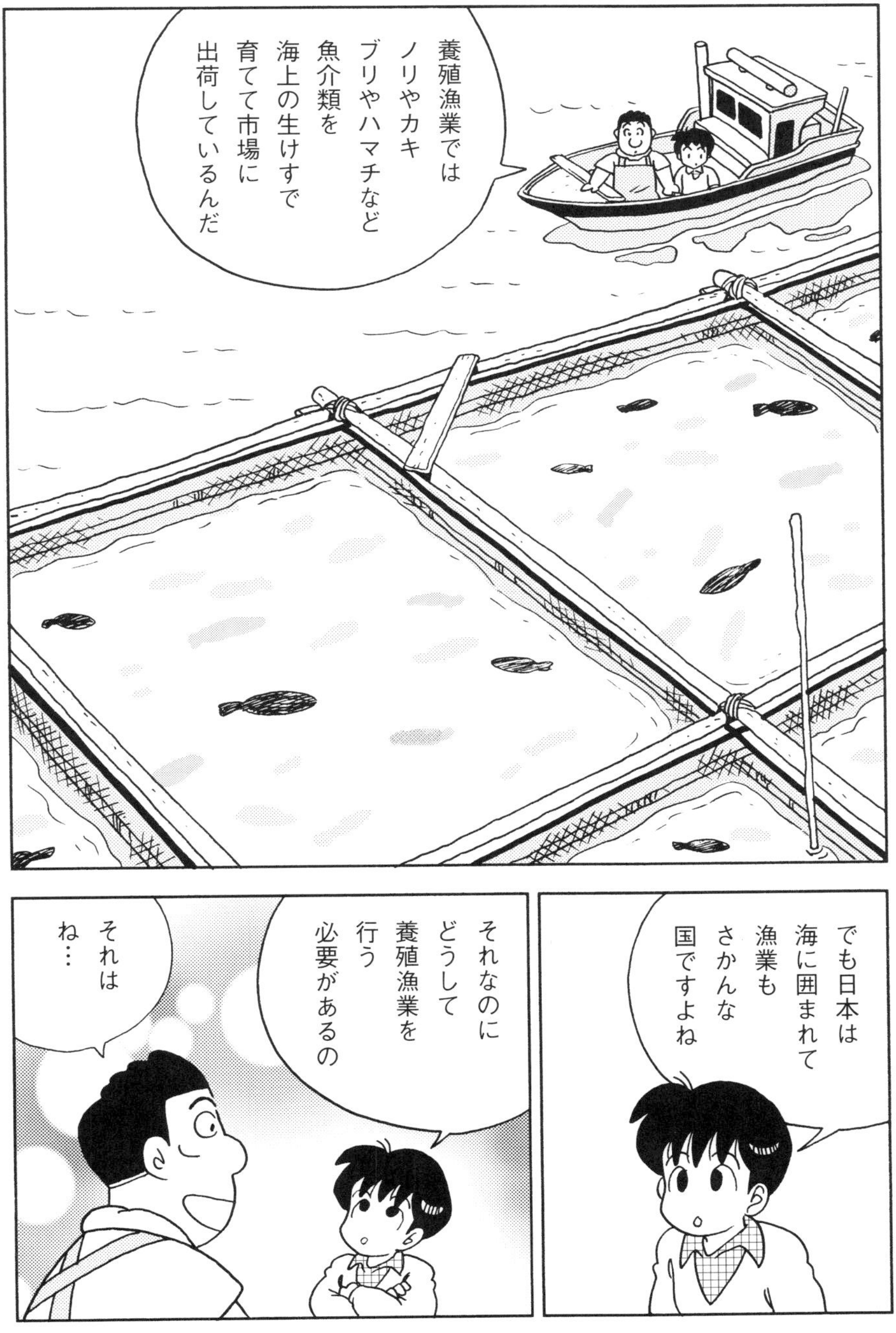
養殖漁業では
ノリやカキ
ブリやハマチなど
魚介類を
海上の生けすで
育てて市場に
出荷しているんだ
でも日本は
海に囲まれて
漁業も
さかんな
国ですよね
それなのに
どうして
養殖漁業を
行う
必要があるの
それは
ね…

■平成28年漁業別漁獲量

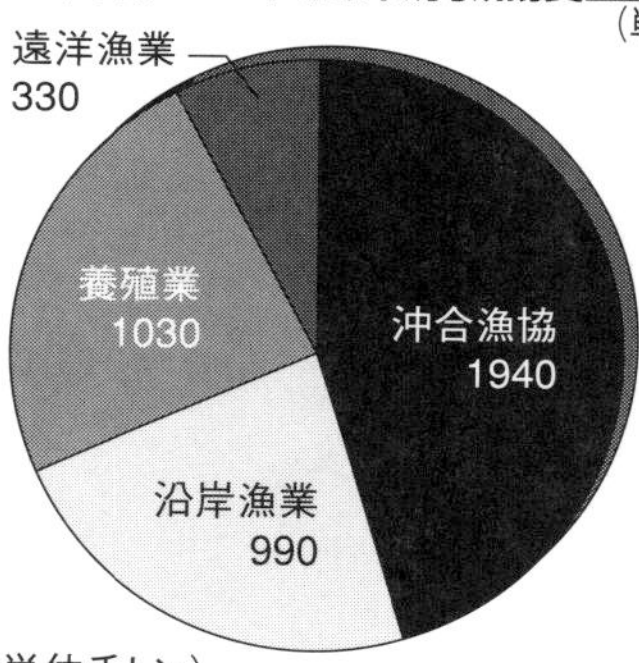

■漁獲量の推移

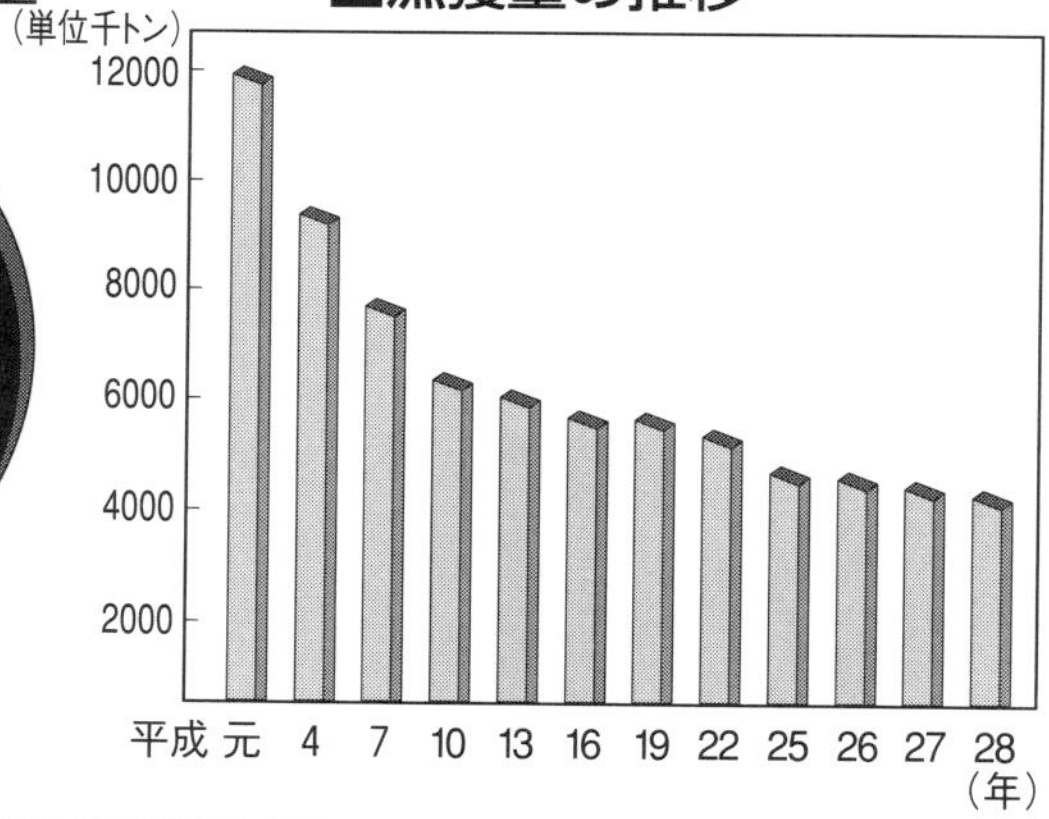

(上記平成29年農林水産省調べ)

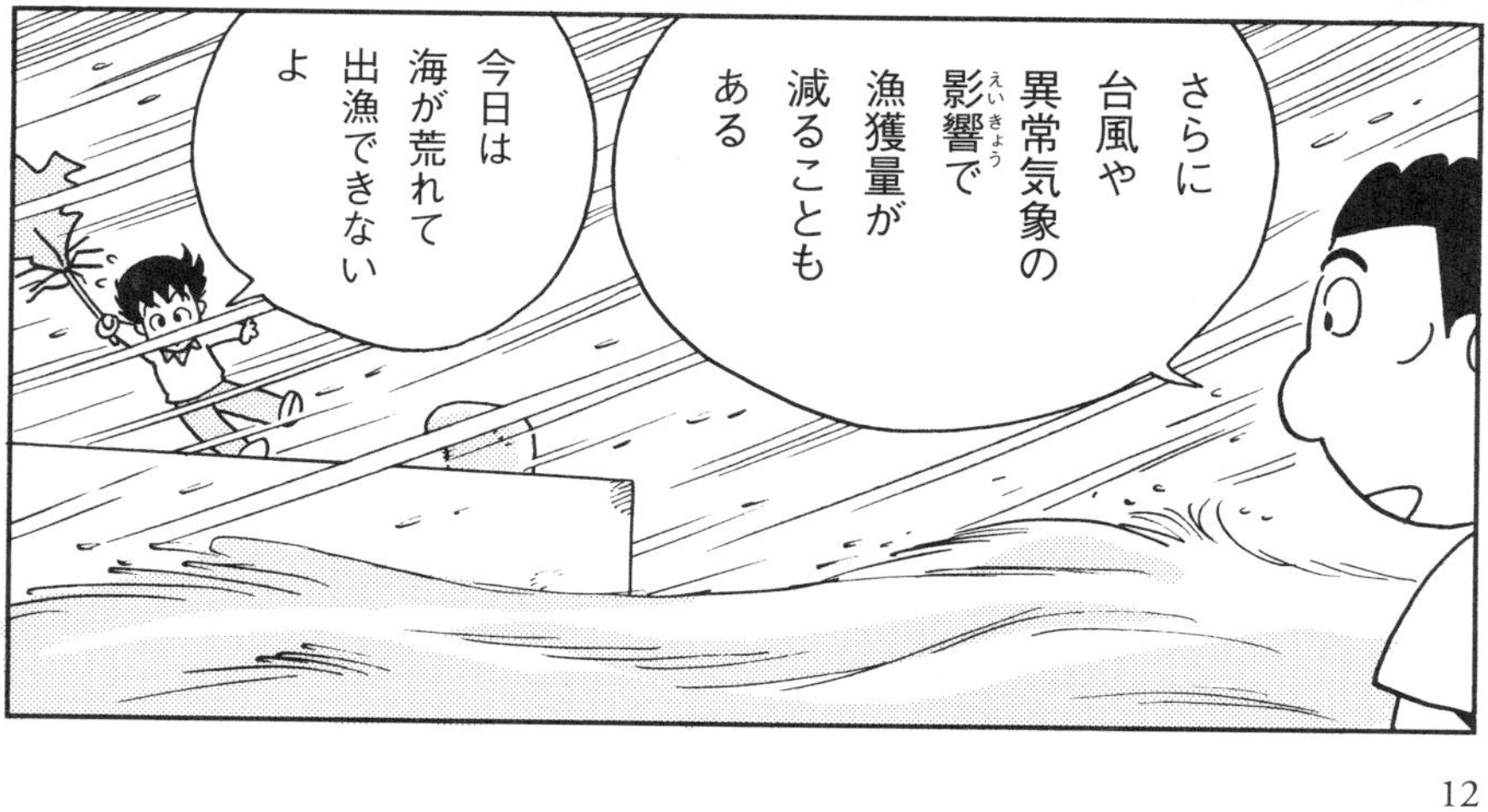

なんといっても日本人にとって魚は大切なたんぱく源だからね
そうだよね
魚介類を安定して供給するためにも養殖《ようしょく》漁業は必要なんだ
養殖漁業なら乱獲《らんかく》する心配もないし季節を問わずに魚介類を供給できる
そのためには生けすの管理と病気の予防が欠かせないね
そうなんだ!
養殖漁業は海の汚染《おせん》を防止することにもつながっている
新しい漁業の形として日本の技術が世界中で注目されているんだよね
ニャオ

ブヒヒーン
わっ
とつぜん馬が
飛び出して
きたぞ
いやぁ
驚《おどろ》かして
ごめん
ごめん
私の牧場では
馬を専門に
生産して
育成して
いるのさ
中でも
サラブレッド
という
競走馬なんだ
けれど
ブルル…
サラ
ブレッド
？
そう少しでも
速く走るように
改良に改良を
かさねた種類の
馬なんだ
おらおらー

でも どうすれば 改良できる のかな
血統《けっとう》という データを 利用するのさ
■血統について
現在生息しているサラブレッドのすべては、3つの品種《ひんしゅ》の馬から発生したものです。それぞれの種類の配合によって、それぞれの特徴が受けつがれていますが、ほかの種類の血が混ざっていない純血種《じゅんけつしゅ》といわれる馬であり、そのもとになるデータが血統です。
サラブレッドの ほとんどは 競馬という スポーツで 活躍《かつやく》します
■競馬について
競馬は、18世紀に英国で生まれたスポーツです。さだめられた距離《きょり》ごとにレースが行われ、一着になった馬だけがさらに上のレベルに昇級することができます。距離は、短距離から長距離まで分けられていますが、距離への適性は血統によって判断することができます。最高のレベルは、G（グレード）Iとよばれていますが、競馬で好成績を残して引退すると、その馬は血統を残すために、オスは種牡馬《しゅぼば》として、また、メスは繁殖牝馬《はんしょくひんば》として牧場で余生を送ります。その牧場には、生産牧場や育成牧場があります。
生産牧場では おもに牝馬を飼 育して繁殖し…
育成牧場では 生まれた仔馬《こうま》に 人の言うことを すなおに 聞くように しつけながら 育てるんだ
そのおかげで 競走馬として 活躍できるように なるんだね

馬はとてもかしこいからいろいろと教わることもある
どの仕事も大自然に囲まれて楽しそうだね

そうかぁそれぞれ目的や内容は違うけれどもすぐれた「種」を絶《た》やさないようにがんばっているんだ

これはミツバチの役割ごとの特徴を一覧表にしたものです
女王蜂は特別な存在なのね

生き物を育成する仕事

養蜂業者《ようほうぎょうしゃ》

大自然の中でミツバチとともに花の蜜《みつ》を
採集して、おいしいはち蜜を生産する専門家

people

養蜂《ようほう》業は多くのミツバチと共生しながら、自然に囲まれて行う健康的な仕事です。

養蜂業者

木村《きむら》 眞實《まさみ》さん

まず、環境を作ることが大切です。ミツバチが住みよい

私たちのおもな仕事は、ミツバチが集めてくれた花の蜜《みつ》から作られるはち蜜を採ることです。そんな養蜂業は、畜産《ちくさん》という農業の一分野なのです。

私たちは、多いときで何十万匹という数のミツバチを飼育していますが、ミツバチを使っているというよりも共生していると言った方があたっているでしょう。

ミツバチにもいろいろな性格があって、餌《えさ》をたっぷり与えているミツバチはおとなしいものです。それに対して、はち蜜を採るだけとって餌も与えずに放っておけば、ミツバチの性格もあらくなります。ミツバチの性格は、飼っている人に似てくると言います。せっかちな人とか、扱いのあらい人のミツバチは性格があらくなるものです。

逆に、しつけがよければ、それが習性になります。つねに健康管理に気をつけて、餌はいつも豊富にある状態にしておくことです。いかにミツバチが住みやすい環境を作ってあげるか、養蜂業では、巣箱や周りの手入れをおこたらないことが大切なのです。

養蜂業にたずさわるようになったのは、私の叔父《おじ》からです。当時は、蜜源《みつげん》であるレンゲの花を求めて各地を転々とする移動養蜂（32ページ参照）がさかんな時代で、三重《みえ》県から移動してきた養蜂家が、毎年、家に泊まって養蜂をしていました。そんな中で、叔父が養蜂の技術を教わり、その後、兄弟全員で養蜂をはじめたのがはじまりです。大正の終わりごろ、会社組織にしました。

場所は、長野《ながの》県の安曇野《あずみの》というところで、レンゲの花が多い土地だったのです。一時は30人ぐらいのスタッフを使って九州《きゅうしゅう》から北海道《ほっかいどう》まで移動養蜂をしていたそうです。でも、今ではレンゲの苗《なえ》も温室栽培《さいばい》になり、それから害虫のおかげで原生のレンゲがすたれてしまったため、移動養蜂をする養蜂家も少なくなってしまいました。

戦時中は、陸軍の養蜂部《ようほう》というところで養蜂業を続け、戦後間もなくの砂糖がない時代にはち蜜が注目された時代もありました。その後、東京《とうきょう》に販売を営《いとな》む事務所を出しましたが、残念ながら、商品の一部は輸入に頼っているのが現状です。というのも、私たちが1シーズンに生産するはち蜜の量は、採れた年でも販売の5か月分ぐらいで、採れないときは3か月分ぐらいの量です。そのため、当社の国内産のはち蜜は顧客《こきゃく》に期間限定販売という形で提供させていただいています。

また、最近では健康食品として、はち蜜が注目されています。落ちこんでいた養蜂業ですが、おかげで上昇のきざしが見えています。

ミツバチの生活時間に合わせ最高の状態に持っていきます。

ミツバチは、寒さに弱く、冬場は暖かい場所で越冬《えっとう》させます。寒いところで越冬すると、女王蜂《じょうおうばち》の産卵が遅くなります。そうすると、ミツバチの数が少ないので移動することで産卵の時期を早めて調整していくのです。これは、本格的に蜜を採る作業（採蜜《さいみつ》）がはじまる4月ごろにミツバチを最高の状態にもっていくためです。

たとえば、10万匹と5万匹のミツバチがいる2つの巣箱があるとします。10万匹のミツバチが10キログラムの蜜を集めるとしたら、5万匹の群れは2、3キログラムしか蜜を集められません。というのは、蜜源《みつげん》にはなわ張りがあって、数が多い群が蜜源である花を独占《どくせん》してしまい、少ない群のミツバチは負けてしまうからです。それに、数が多いほど蜜を集める、巣の掃除をする、集めた蜜を濃縮《のうしゅく》するなど、役割を振り分けることができるので、分業がしやすいことになります。

ひとつの群には1匹の女王蜂がいるわけですが、かつては3、4年にわたって同じ女王蜂で交配をしていましたが、花粉交配（33ページ参照）の需要《じゅよう》が増えたため1年で交代するようになってきました。いまのミツバチは、人になれやすく、蜜をたくさん集めるよう

にからだも大きいなど、改良を重《かさ》ねています。ところが、同じ女王蜂で交配を続けていると、生まれてくるミツバチはどんどんからだが小さくなってしまうのです。そこで、新しい血を入れることが必要になるというわけです。

アカシアから蜜を採る作業は6月ごろに終わるのですが、最近では、その直後に群をふたつに分けてしまいます。すると、女王蜂のいない新しい群の方には新しい女王蜂ができます。こうして1年サイクルで女王蜂を交代させるのは、新しい女王蜂の方が産卵する力も強いからです。秋口になると、古い女王蜂がいた方の群は花粉交配用にハウス農家に出してしまいます。

ところで、採蜜のときに最高の状態に持っていく技術があるのですが、これは他人から教えてもらうことではありません。叔父《おじ》も名人といわれ、最高の技術を持っていますが、私にはその技術を教えてくれません。これはもう、経験する中で感覚的に覚えていくしかないのです。以前は、ベテランの養蜂家のもとに弟子《でし》入りして無償《むしょう》で働いて、技術を身につけました。そして、

50群ぐらいの小さな群を分けてもらい独立したものです。

たいていの人は、自分の生活時間の都合に合わせて、合理的な方法でミツバチを管理しようとします。でも、名人は違うのですね。名人は、あくまでもミツバチのペースに合わせて作業します。ミツバチの習性をよく知っていて、基本を守って作業するんです。このようなベテランの技は、ぜひ、若い世代に伝えていきたいと思っています。

養蜂業《ようほう》にとって大切なことは、何よりも現場での経験です。

養蜂業でいちばん辛いのは、何といっても蜜《みつ》が採れないことです。移動養蜂が行われていたころは、ここがだめでも違う場所で量を補うことができました。でも、いまでは定点で蜜を採ります。私たちの場合は、アカシアですね。アカシアは、4月の終わりごろに芽吹きます。ところが、何年かに一回は霜《しも》でやられてしまうことがあるんです。とくに、暖かいときは怖いんです。安心して霜の対策をしていないでいると、アカシアの芽が出てから霜にやられることがあります。1000本くらいあるうち3〜400本ぐらいしか使えないこともあるんです。

そのほか、マツクイムシ対策の農薬の空中散布で大きな被害を被《こうむ》ることもあります。そこで、毎年1月に役所に養蜂の許可を出すんですが、届け出をしておけば、空中散布する前に連絡してもらえるので、養蜂をしている場所を移動します。

それから、あとはクマの被害も見逃せません。とにかく、クマは蜜が好きですからね。箱はバラバラにされるし、ミツバチも死んでしまう。ひどいときは1日に2箱も3箱もやられてしまうこともあります。

養蜂業は、一にも二にも経験が欠かせない仕事です。1年の仕事のサイクルを知るには、3年くらいの経験は必要でしょう。

もし、あなたが養蜂業の仕事に従事したら、まず最

初は採れた蜜を運ぶとか、巣箱からはち蜜を採集するために使う遠心分離器にはち蜜のたまった巣板をセットしたり、その遠心分離器を手で回すというような補助的な仕事からはじめることになります。そして、ある程度基本的なことを身につけたら、今度は採蜜《さいみつ》の現場で、巣箱を開けて蜂《はち》をはらう作業などに従事します。

しかし、ミツバチを巣箱からはらう作業は、なれないとなかなかできないものです。というのも、振り方によって蜂の機嫌《きげん》も変わるからです。もし、機嫌をそこねると、のちの作業に影響します。このあたりは、人間もミツバチも同じですね。ミツバチを従順なスタッフとして思う気持ちが大切です。そのかわり、ミツバチはしっかりと社会生活を営んでいますから、私たちがいろいろ教えられることも多いですし。

いずれにしても、若い世代には養蜂業についての理解を深めてもらい、どんどんこの仕事に従事してほしいと思います。

わぁ きれいな お花畑だわ
う～ん いい香り だわ
きゃっ 蜂《はち》じゃ ない!!
ブーン
あわてないで 私は ミツバチよ
ブ～ン
だったら 安心ね 人を刺《さ》すことは ほとんど ないって 聞いたもの
そうよ! それよりも
私たちの おかげで自然が 守られて いるのよ

自然と共生する養蜂《ようほう》の世界

ミツバチは、なかまの食料や子孫を増やすための栄養源として、さらには巣を作るためにも花から蜜《みつ》を採取して巣に運ぶ習性を持っています。養蜂とは、そんなミツバチを飼養しながら、その習性を利用して、はち蜜を生産する仕事です。採集された蜜には、ブドウ糖や果糖などの甘みのほか、各種のビタミンやミネラルなどが含まれています。そのため、養蜂業者によって生産されるはち蜜は、健康食品として私たちの健康生活を支えてくれる一方、料理を作るときの甘味料などとして世界中の家庭で愛用されています。

養蜂業者にとってよきパートナーであるミツバチは、昆虫《こんちゅう》のなかまです。昆虫は、世界に現生するすべての動物の4分の3を占めていますが、じつは、自然の営みの中で非常に大切な役割をはたしていることが判明しています。たとえば、チョウやミツバチなどが、咲いている花の蜜を吸うときに、体の毛に花粉が付着して別の花に運ばれ、受粉が行われます（花粉交配）。そのおかげで、大切な自然環境が守られているのです。

このように養蜂業は、昆虫のはたす役割を知ることができる仕事であると同時に、養蜂の作業にたずさわることで、人間が自然と共生することの大切さを学ぶこともできるのです。

さて、養蜂で利用されるミツバチは野生《やせい》ではありません。養蜂に適するように家畜化《かちくか》されたミツバチの種類です。野生でないとはいえ、一匹の女王蜂《じょうおうばち》を中心にしたミツバチの独特な営《いとな》みの世界は、飼養されるミツバチの間でも決して失われていません。

本書では、ミツバチの世界のさまざまな生態を理解することからはじまり、ミツバチと深いかかわりを持つ養蜂業について調べていきます。

でもあなたはどこから飛んできたの？
あちらの巣箱からやってきました
巣箱ってあなたは誰《だれ》かに飼われているの？
スーッ
それは私です
きゃっ忍者《にんじゃ》!?
ちょっとちょっと
私は養蜂《ようほう》業を営んでいる者です
ザッ

ミツバチの世界を知る

養蜂業にかかわるためには、まず、ミツバチの生態を深く理解しておくことが大切といわれています。その世界のしくみは、非常に独特な社会で、神秘的です。

●ミツバチの巣　ミツバチは、かならず群れで生活しています。ちなみに養蜂業では、群《ぐん》といいます。ひとつの巣には、1匹の女王蜂《じょうおうばち》を中心にして、数千匹から数万匹の働き蜂《はち》（雌《めす》蜂）と、2〜3千匹の雄《おす》蜂が群れを作っています。

巣は、きれいにならんだ六角形の巣房《すぼう》（筒《つつ》のような巣部屋）が集まった巣板《すばん》からできています。1つの巣房の大きさは、おおむね直径5ミリメートル、奥行き12ミリメートルほどです。

巣は、何枚かの巣板がたれさがってひとまとまりになり、巣板の中央から女王蜂が産卵をはじめます。巣房内で生まれた幼虫が育てられ、蜜《みつ》や花粉も貯蔵されます。

巣房には3つの形があります。春の繁殖期《はんしょくき》に巣板の下の方にたれさがるように造られるのが王台とよばれるもので、ここでは女王蜂が育てられます。そして、六角形の巣房から働き蜂が、働き蜂の巣房よりやや大きい六角形の巣房から雄蜂が生まれます。

●女王蜂　女王蜂は、雄蜂との交尾により体内に精子を貯《たくわ》えています。その精子と卵を受精させて受精卵を生みます。女王蜂と働き蜂は、同じ受精卵から生まれますが、生まれた場所と与えられる餌《えさ》によって女王蜂になるか、働き蜂になるかが決まります。王台に生まれ、6日間の幼虫期間中、ロイヤルゼリー（若い働き蜂の下咽頭腺《かいんとうせん》と大腮腺《おおあごせん》から分泌《ぶんぴつ》される栄養分）が与えられると女王蜂に、六角形の巣房で幼虫の後半に花粉まじりの餌《えさ》が与えられると働き蜂になります。

女王蜂《じょうおうばち》が卵からかえって、羽化するまでの日数は16日です。その後、約一週間たつと成熟して、空中で雄《おす》蜂と交尾するのです。女王蜂のおもな役割は産卵です。毎日卵を生み続けて、もっとも多いときには1日に2000個以上の卵を生みます。

女王蜂は、巣房の大きさを見分けて雄蜂の巣房には無精卵を、働き蜂の巣房には有精卵を生み分けます。このとき、女王蜂は前肢《ぜんし》を使って巣房の違いを判断します。無精卵からは雄蜂、有精卵からは雌《めす》蜂しか生まれませんが、それを生み分けることができるのもミツバチの神秘的な営みの力といえるでしょう。

そんな女王蜂の寿命は平均で2年から4年ですが、もし女王蜂がとつぜん死んでしまうと、働き蜂のふ化3日以内の幼虫の中から数匹を選び、ロイヤルゼリーを与えて女王蜂に育てます。しかし、小さな幼虫がいない場合は、働き蜂の中で産卵できるものがあらわれます。でも、雄蜂とは交尾できないため、卵は無精卵となり、生まれるのは雄蜂のみです。

●雄の蜂たち　雄蜂の役割は、子孫（種という）を絶《た》やさないために生まれてきたばかりの女王蜂候補と空中で交尾することです。雄蜂が生まれるのは、春の繁《はん》殖《しょく》期で、女王蜂と交尾した雄蜂は、すぐに死んでしまいます。ふだんはまったく働くことはなく、働き蜂から蜜や花粉を口移しで食べさせてもらいます。

●働き蜂について　働き蜂は、その名の通り一生働き続けますが、21日で卵からかえると、成長するにつれ仕事の内容も変化していきます。

その内容は、巣の掃除からはじまり、育児、巣を作ること、花から運ばれてきた蜜《みつ》を貯蔵し、門番の役割もはたします。そして、いよいよ花から蜜や花粉を運ぶ仕事を担当するようになります。働き蜂の体内には、蜜胃という特殊《とくしゅ》な袋があります。働き蜂は、花の蜜を吸うとこの蜜胃に貯めて巣に持ち帰るのです。

働き蜂が活発に活動するのは、春から秋にかけてです。しかし、この時期に活躍《かつやく》した働きバチの一生は短く約1か月で死んでしまいます。一方、秋に生まれた働き蜂は、越冬して春まで生きることができるのです。

●はち蜜ができるしくみ　一般には、ミツバチの群れの数が大きければ大きいほど働き蜂の数も多くなり、群れそのものの蜜を集める能力は高くなります。

ミツバチの神秘的な能力は、蜜を集めるときになかまと交わすコミュニケーションのようすにも発揮《はっき》されます。もし、巣の周囲100メートル以内に蜜源《みつげん》を見つけた働き蜂は、巣板上で円を描くように踊ります。逆に100メートル以上離れている場合は、ちょうどダンスを踊るように8の字を描きながら巣板上を舞《ま》って蜜のある場所をなかまに知らせるのです。

働き蜂が花から採集する蜜は花蜜といって、とても濃度《のうど》が低く、そのまま巣の中に貯蔵すればすぐに発酵《はっこう》してしまいます。そこで働き蜂は巣に戻ると、蜜胃に貯めて運んだ花蜜を、貯蔵を担当するなかまの働き蜂に口移しします。蜜を受け取ったなかまは、巣房の中に貯蔵します。巣の中では、なかまが羽ばたきをして、貯蔵された蜜に風を送り続けます。その結果、蜜の水分は蒸発して濃度が高められます。こうして、集められた花蜜は半分ほどの量に濃縮されていきます。同時に働き蜂が分泌《ぶんぴつ》する酵素《こうそ》が加えられ、花蜜のおもな成分であるショ糖を果糖とブドウ糖に変化させます。

できあがったはち蜜の巣房には、働き蜂が分泌するロウで作られた蜜蓋《みつぶた》をします。こうしてできあがるのが完熟蜜であり、何百年でも変質しないはち蜜です。

●蜜源《みつげん》　働き蜂が蜜を集める花を蜜源といいます。蜜源は、季節や花の咲く場所によって開花の時期や、採集される花蜜の特徴もそれぞれ違います。

○春（3〜5月）：ナタネ、レンゲ、クローバー、サクラ、ツバキ、タンポポなど
○夏（5月〜9月）：ミカン、トチノキ、リンゴ、アカシア、ユリノキ、クリ、シナノキ、カキ、クズなど
○秋（9月〜12月）：ソバ、ビワ、サザンカ、チャ、アメリカセンダングサ、コスモス、イタドリなど

養蜂《ようほう》ってミツバチを飼育する仕事ですね
ミツバチが巣箱に持ち帰る花蜜《はなみつ》を収集して
はち蜜を商品にして売っています
はち蜜は健康のためにいいのよね
うん うん
はち蜜は人類が出現したころから愛用されていたんだよ

養蜂のはじまり

人間とミツバチのはじめての出会いは、とても古い時代までさかのぼります。しかし、その後の養蜂の歴史は、それぞれの時代を背景に波乱に富んだものでした。そこからは、人びとのたゆまぬ努力と苦難のはてに現在の養蜂業があることがうかがえます。

●世界の養蜂　スペインのアラーニア洞窟《どうくつ》で発見された紀元前6000年前に描かれた壁画《へきが》には、高い崖《がけ》にある自然の蜂《はち》の巣から蜜を採集する女性の姿が描かれていました。さらに、発掘《はっくつ》された古代エジプト時代の墓からは壺《つぼ》に入ったはち蜜が発見されたのです。このはち蜜は、自然のままの蜂の巣から、蜂を追い払いながら蜜を採取したものです。この採取法は旧式養蜂と呼ばれ、19世紀半ばまで受けつがれたのです。

1851年、アメリカでミツバチを「家畜《かちく》」として飼育し、はち蜜を採取する方法が考え出されました。その決め手はとりはずしのできる巣枠の開発にありました。このスライド式の巣枠は、開発者ラングストロスという人の名前を取り、ラ式巣枠と呼ばれています。

さらに、その6年後の1857年にはドイツで人工の巣礎《すそ》（六角形が連《つら》なった巣房の形を薄《うす》いロウ板にプレスしたもの）が考案され、ラ式巣枠と組み合わせて利用されるようになりました。

こうして紀元前から続けられてきた旧式養蜂に代わり新しい養蜂のスタイル、近代養蜂が世界中に普及《ふきゅう》していったのです。その後、器具や用具の開発、考案が次々となされて、いよいよ近代養蜂は産業として確立されました。

●日本の養蜂　日本には古くから、アジアに広く分布するトウヨウミツバチのなかまニホンミツバチが生息していました。7世紀の半ばごろに記された「日《に》本書紀《ほんしょき》」には、「蜜蜂《みつばち》」の文字がはじめて登場します。

やがて、江戸《えど》時代（18世紀）になると、ニホンミツバチを農家で飼ったという記録があり、全国的に養蜂《ようほう》が行われていたことが理解できます。当時の記録をひもとくと、地方の各藩《かくはん》が地場産業として奨励《しょうれい》していたこともうかがえます。ただし、この時代の養蜂は、のき下に置いた樽《たる》や木の箱に巣を作らせて、はち蜜を採取していたようです。しかし、正確には、まだ旧式養蜂でありミツバチの家畜化《かちくか》は行われていません。

それが、明治《めいじ》時代になると、わが国でも養蜂を科学的に行なう動きが芽生えていきました。１８７７年（明治10年）には、アメリカからミツバチ（イタリア種）を買い入れ、東京《とうきょう》・新宿《しんじゅく》の試験場で飼養、日本のミツバチとの違いを研究したのです。これが、セイヨウミツバチを日本に輸入したはじめです。

セイヨウミツバチの登場で国内の養蜂業はいよいよさかんになり、養蜂に関する雑誌や書籍《しょせき》が相次いで発刊されました。その数は約50種類にものぼり、養蜂業界を整備するために大いに役立ちました。

やがて、第一次世界大戦がぼっ発すると、ヨーロッパでははち蜜《みつ》の値段が高騰《こうとう》しました。そこで、日本からもヨーロッパに向けて大量のはち蜜が輸出されることになりました。しかし、当時の日本で20万ポンドにもなる大量のはち蜜を用意するためには、たいへんな苦労がともなったのです。というのも、当時の養蜂業の現場では、はち蜜を生産するというよりも、産業のもとになる種蜂の育成に重点が置かれていたからです。しかし、第一次世界大戦を機に、いよいよ日本の養蜂業は本格的な生産体制に入っていくのです。

１９１３年（大正2年）、九州《きゅうしゅう》のある業者が、はち蜜を安定して生産するために移動しながら行う養蜂をはじめて試みました。これが、移動養蜂のはじまりだといわれています。移動養蜂とは、一定の場所ではち蜜を生産したら、別な場所に移動して、ふたたび養蜂することです。まさに、人間がミツバチの群れとともに花から花へ移動しながらはち蜜を生産するシステムです。当時の蜜源の主役は各地に分布していたレンゲでした。やがて、九州から北海道《ほっかいどう》まで全国を移動するという大規模な形まで登場したのです。この時代が、移動養蜂の最盛期といえるでしょう。

第二次世界大戦がはじまると、はち蜜が砂糖の代用として利用されただけでなく、ミツバチが巣の材料として分泌する蜂ロウが、兵器を整備するためのワックスとしても重用視されたのです。

やがて終戦を迎えると、はち蜜は人びとの注目を大いに集めることになりました。というのも、食料難を背景にして砂糖の代用品として人々に用いられたからです。こうしてはち蜜は、高価にもかかわらず飛ぶように売れて戦後の最盛期を迎えたのです。

戦後の復興が落ち着くと、世の中は高度成長期を迎えました。同時に、全国では開発が進み、次々と自然が破壊《はかい》されていったのです。そのため、養蜂のための環境もせばめられ、養蜂業界には危機感がつのりました。そんなとき、1955年（昭和30年）に、養蜂業を守るための「養蜂振興法」が国会で成立しました。

この法律の施行《しこう》で養蜂の業界は安定するかに見えましたが、1963年（昭和38年）に解禁されたはち蜜の輸入自由化は、養蜂業界に大きな打撃《だげき》を与えました。

一方、高度成長期から続く乱開発によって自然環境が破壊され、植物の受粉に欠かせない昆虫が減少するという問題がでてきました。ところが、昆虫の減少により、飼養されているミツバチに注目が集まることになりました。

とくに、農作物を安定して生産するために普及《ふきゅう》したハウス栽培では、昆虫による受粉を行う必要があるため、今、飼養されているミツバチの活躍《かつやく》が欠かせないものになっています。これをポリネーション（花粉交配）といいます。養蜂業者は、飼養している一部の群れをポリネーションのためにハウス農家に分けていますが、今では、ポリネーション専用のミツバチを飼養する人たちもいるほどです。また、昨今《さっこん》の健康食品への関心の高まりにより、はち蜜やロイヤルゼリーなどが注目を集め、養蜂業もふたたび脚光《きゃっこう》を浴びつつあるのです。

養蜂ではセイヨウミツバチが活躍している
ブ〜ン
ブ〜ン
外国から輸入されたミツバチなのね

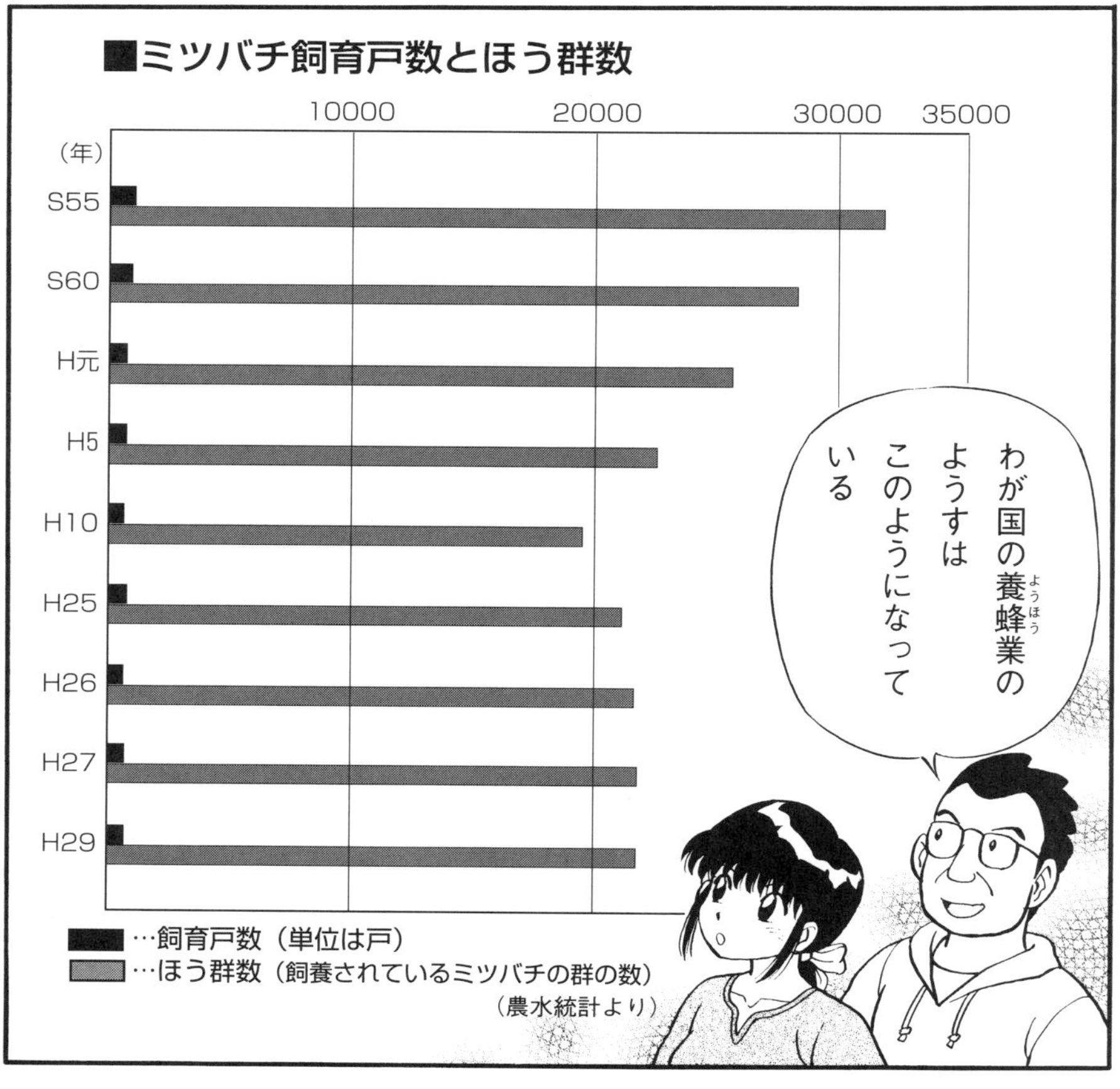
■ミツバチ飼育戸数とほう群数
10000
20000
30000
35000
(年)
S55
S60
H元
H5
H10
H25
H26
H27
H29
…飼育戸数（単位は戸）
…ほう群数（飼養されているミツバチの群の数）
（農水統計より）
わが国の養蜂《ようほう》業のようすはこのようになっている

養蜂業で活躍《かつやく》するミツバチの種類

現在、日本の養蜂業では、外国から持ちこまれたセイヨウミツバチが用いられています。

ちなみに、世界中に生息しているミツバチは9種類います。そのなかまには、ヨーロッパとアフリカ原産のセイヨウミツバチ、東南アジアから東アジア全体に分布するトウヨウミツバチという種類がいます。日本では、トウヨウミツバチの一種でニホンミツバチとよばれる種類が在来種として知られています。ニホンミツバチは外国産のセイヨウミツバチに対して和バチなどとよばれていますが、その特徴《とくちょう》は次の通りです。

●セイヨウミツバチよりからだが小さくて、やや黒い。
●低温の環境にも強く、広い範囲《はんい》の環境に順応《じゅんのう》して巣を作ることができる。
●ダニなどが寄生《きせい》したり、腐蛆病《ふそびょう》（家畜法定伝染病《かちくほうていでんせんびょう》）などの病気が発生する心配がほとんどない。
●性質がおとなしく、人間を刺《さ》すことは少ない。
●プロポリス（51ページ参照）を集めない。
●天敵であるスズメバチに対抗《たいこう》する。
●巣がやわらかい。

ニホンミツバチがさまざまな環境に順応しやすいという特徴は、逆に野生《やせい》に向くことを意味しています。そのため、はち蜜の生産量も少なくセイヨウミツバチが養蜂の主力とされているのです。

セイヨウミツバチとは明治《めいじ》時代に外国から輸入されたイタリア種を中心にした種類のことで、養蜂に適するよう家畜化されたミツバチです。

セイヨウミツバチは、養蜂に適応する一方で、スズメバチ、ダニなどの害敵や腐蛆病などに弱い体質をもっています。そのため、人手によるきびしい管理が欠かせません。

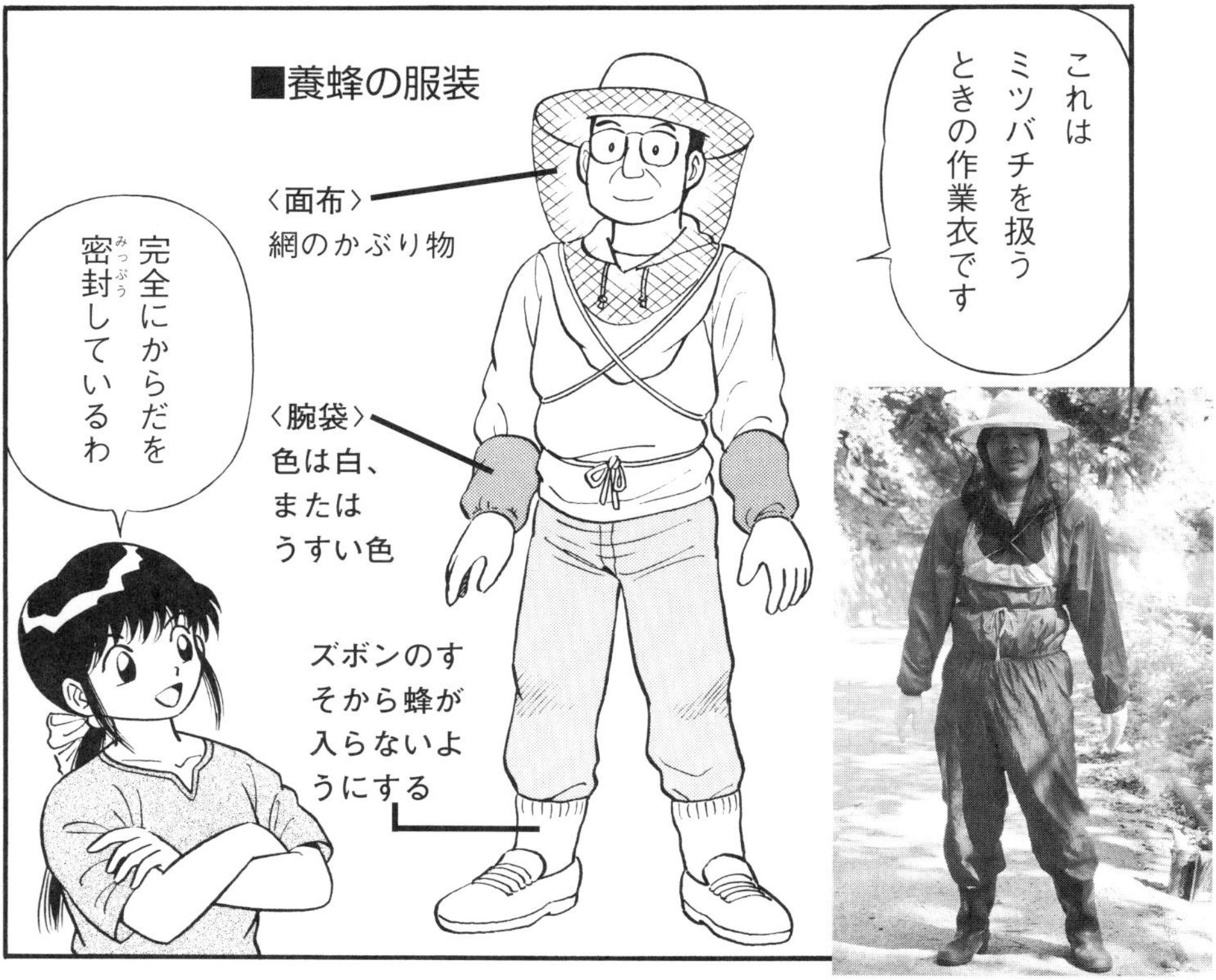
これはミツバチを扱うときの作業衣です
■養蜂の服装
〈面布〉網のかぶり物
〈腕袋〉色は白、またはうすい色
ズボンのすそから蜂が入らないようにする
完全にからだを密封《みっぷう》しているわ

巣箱はこのように置きます

養蜂《ようほう》業につくために知っておきたい基礎知識

養蜂業のもっとも大きな特徴《とくちょう》は、ミツバチの自然の習性を利用しながら、人工の巣箱を設けて、はち蜜《みつ》を採取するところにあります。ミツバチたちは、自然の巣の代わりに、巣箱を自分たちの住まいとして生活を営むのです。そのため、養蜂の成否《せいひ》は住み心地のよい巣箱にかかっているといっても過言《かごん》ではありません。

●巣箱の設置　養蜂は巣箱を置く広さがあればできる農業といわれています。ミツバチの行動範囲《はんい》は半径2～3キロメートルにわたります。巣箱は、蜜源《みつげん》の豊かな土地でミツバチが活動しやすい場所に設置します。

ほとんどの場合、大自然の中に設置されますが、気をつけなければいけないのはクマの存在です。はち蜜の大好きなクマによって巣箱を襲《おそ》われ、巣箱はもちろん、ミツバチに大きな被害《ひがい》が出たという例もあります。蜂の群れが多ければ多いほど採集する蜜の量は多くなりますが、といって、むやみに巣箱を置いて蜂の数を増やすのではなく、蜜源の規模に合った巣箱を用意するのが基本です。

●巣箱　現在使われている巣箱の起源は、1851年にアメリカで考案された「ラ式単枠」と、1857年にドイツで工夫された巣礎《すそ》が組み合わされたものです。その後、さまざまな工夫がほどこされた巣箱が考案され、現在にいたっています。しかし基本スタイルは150年も前とほとんど変わっていません。それほど当時の工夫がすぐれており、ミツバチにとって住みやすい環境を生み出したということでもあるのです。

巣箱の大きさは、幅《はば》40センチメートル、高さ25センチメートル、奥行き52センチメートルが標準です。箱の材質は日本ではスギが使われています。
より大きな蜂群《はちぐん》を飼養するときには、この本体に継《つぎ》箱《ばこ》とよばれる巣箱を重ねます。
巣箱の下の部分には、ミツバチが出入りできる巣門が設けられています。

●巣礎《すそ》　蜂が巣板を作るために、六角形が連なった巣房の形を薄《うす》いロウ板にプレスしたものです。働き蜂のための六角形の巣礎と、少し大きい雄《おす》蜂用があります。木枠を組んで、巣礎を張れば巣礎枠ができます。

●巣板《すばん》　ミツバチは巣礎に体内から分泌《ぶんぴつ》した蜂ロウをもり、巣板を作ります。巣板は、自然の巣の巣房にあたり、女王蜂《じょうおうばち》が卵が生みつけたり、育児をしたり、花蜜や花粉を貯蔵する大切な場所です。通常は、巣箱の中に10枚の巣板枠が入りますが、最近では、花粉交配などの目的に合わせて枚数の少ないものもあります。

●給餌器《きゅうじき》　巣板と同じ大きさの板で、餌である糖液

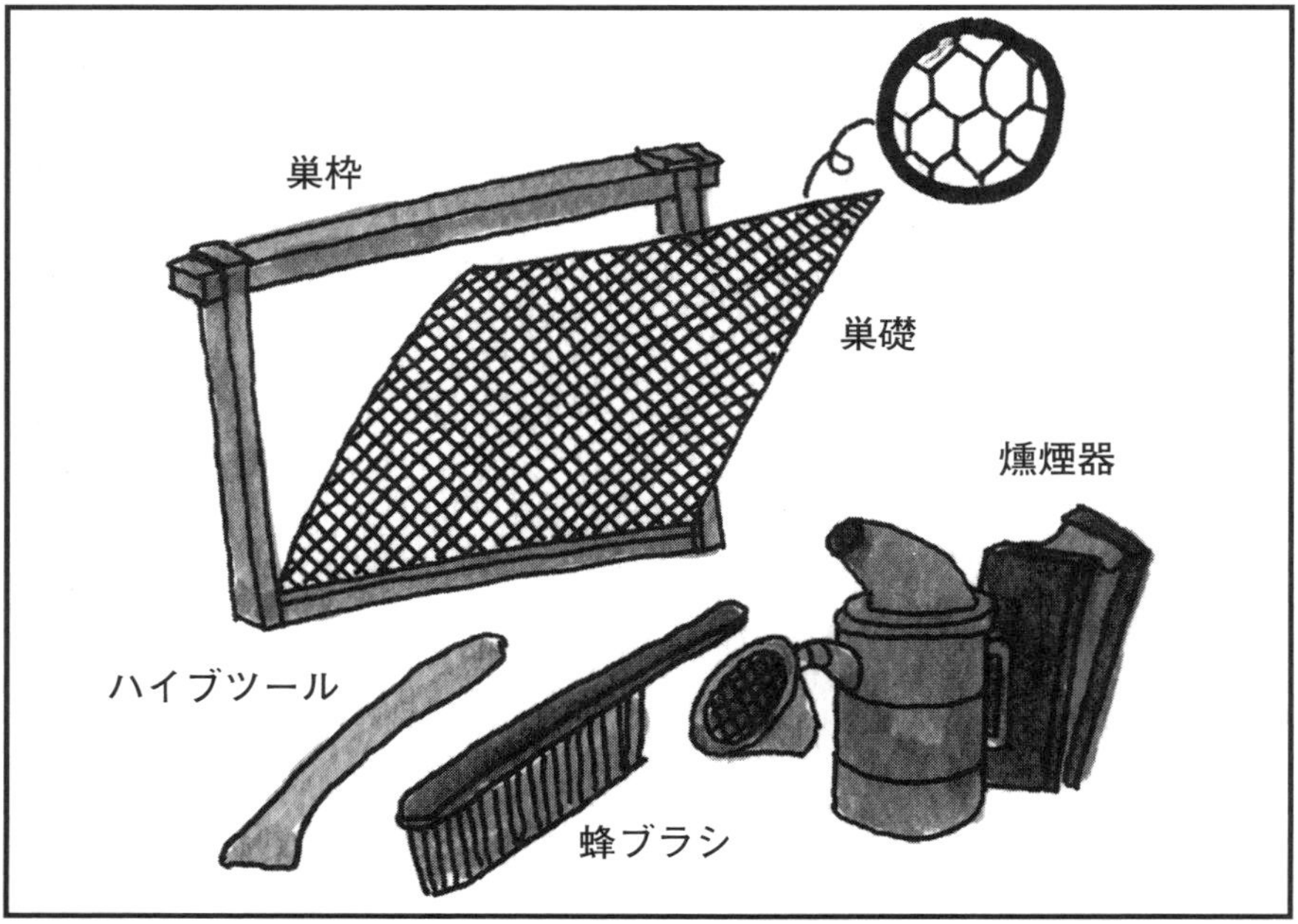

を入れる容器です。糖液が約1・5リットルほど入る大きさです。巣箱内には、いちばん外側の巣板枠の内側に置きます。巣板枠と空間を仕切るために分割板が利用されますが、ときには給餌器を代わりに使うこともあります。

●燻煙器《くんえんき》　巣箱の点検や蜜を採集するとき、ミツバチをおとなしくさせるために使います。新聞紙、段ボールの紙類と落ち葉などを燃やして煙を噴出《ふんしゅつ》させます。

●ハイブツール　ミツバチが採集してきたプロポリス（ミツバチが植物から集めたヤニ状の物質。巣の補強や殺菌の役割をはたす）が巣板枠に付着すると、巣箱についてしまうことがあります。そのようなときに巣板枠を巣箱からはがしたり、巣板枠を引き上げるときの補助に使います。

●蜂ブラシ　巣板についているミツバチをはらい落とすために使います。

●服装　まず注意しなければならないのは、ミツバチに刺《さ》されないため完全にからだを保護することです。帽子をかぶり、その上からミツバチに顔を刺されないように網のついた面布をかぶります。手にはゴム手袋をして、ミツバチが腕《うで》から入り込まないよう手首の部分に腕袋をします。長靴や、すその出る靴の場合は、靴下をズボンの上まで伸ばしてはきます。

私が養蜂《ようほう》の現場で活躍《かつやく》するためにはどうしたらいいのかしら
とくに資格や学習することは必要ないよ
もっとも大切なことはミツバチが好きかどうかなんです
ぐっ
うっ！
すごい迫力《はくりょく》
養蜂業は自然と親しみながらできる仕事ですよ
ますます養蜂業に興味がわいたわ

養蜂業につくために

農林水産省の平成29年資料によると、日本で養蜂業を営《いとな》んでいる養蜂業者の数は9325戸と記録されています。平成25年に趣味《しゅみ》で養蜂を実践《じっせん》している人たちも原則として届け出が必要になったため、増加しています。養蜂は、飼養に必要な蜂《はち》の群と養蜂やはち蜜《みつ》採取の技術、そして道具がそろえば誰《だれ》にでもできるといわれています。ですから、養蜂業に従事するための特別な学習は必要とされていません。

もし、養蜂業の現場で活躍しようと思えば、養蜂業者のもとで手伝いながら、弟子《でし》入りする方法がありま す。また、はち蜜メーカーに入社し、現場で実際に養蜂にたずさわる方法があります。現場では、はち蜜の採取を手伝いながら、ミツバチの習性とはち蜜を採取するための技術を身につけていきます。

そんな中で、唯一《ゆいいつ》養蜂に関する講義を持つ大学があります。それは、東京《とうきょう》にある玉川《たまがわ》大学です。同大学には農学部に先端食農《せんたんしょくのう》学科があります。その中には、食品科学領域があり、ミツバチの研究や養蜂学を学ぶ場があります。さらに、学術研究所の中に、ミツバチ科学研究施設《しせつ》があり、ミツバチ科学、養蜂に関する研究が行われています。ちなみに、担当の中村純教授は、ミツバチの行動生態学を専門とし、同大学のミツバチ科学研究センターでも研究をしています。

養蜂学の授業では、まず、ミツバチの形成する高度な社会構造について学びます。さらに、花粉を媒介《ばいかい》することによる農作物の経済的な効果やはち蜜、蜂ロウ、ロイヤルゼリーなどミツバチによる生産物などについての講義が行われています。この学問は、ミツバチを資源昆虫としてとらえて基礎《きそ》と応用について広く学んでいきます。

ミツバチは怖《こわ》くない、それどころか昆虫《こんちゅう》と共生していくことの大切さを教えてくれます。

養蜂家

矢島《やじま》　威《たけし》さん

いま、養蜂《ようほう》を個人で行う人が増えています。東京都養蜂組合長、矢島さんも、もともとは趣味で養蜂をはじめた方です。ここでは、養蜂の魅力《みりょく》と組合の活動について語っていただきましょう。

――どうしてミツバチに興味を持ったのですか?

矢島　中学生のころに、私が住んでいた家の近くにミツバチを飼っている人がいて、あるとき、たくさんの巣箱があるのにミツバチはけっしてまちがえることなく自分の巣箱に戻ることに気がつきました。それがミツバチの※帰巣《きそう》本能だと知り、おもしろい習性だなと興味を持ったのが最初です。

――飼われたのはいつごろなのでしょうか?

矢島　大学に入ってからです。ハチはひとつの国を

※ミツバチやツバメなどが、巣から遠くはなれて

作り、しきたりを忠実にまもって生活しています。そうした習性や生態といったものを本格的に研究したいと思ったのがミツバチを飼いはじめた動機です。

――「東京都養蜂《ようほう》組合」はどのような組織で、どのような活動をなさっているのでしょうか？　設立や目的など具体的に教えてください。

矢島　昭和52年に、とにかく同好の志《こころざし》を持ったものの集《つど》いの場がほしいということで設立されました。目的は、組合員がたがいに助け合えるようにということにくわえ、技術向上、蜜源《みつげん》植物の開発などです。

――昨年、組合長に就任《しゅうにん》されたそうですね。

矢島　はい。昨年の総会で全役員が入れ替《か》わった際に指名を受け、お引き受けしました。

――会長に就任されて、どのような目標を持たれましたか？

矢島　いままでは「日本養蜂ハチミツ協会」の支部のようなかたちで活動してきましたので、組合長就任をきっかけに独自の活動を展開してゆきたいと、そう組合員の皆さんにお話ししました。

――ふだんは、いろいろなイベントに参加されて、どのようなことをアピールされているのですか？

矢島　蜂は怖《こわ》くありません、そう、強くアピールしてきました。世間一般にはどうも刺《さ》すから怖いと短絡的《たんらくてき》なイメージや誤解があるようです。それはおそらく多くの人たちが、子どものころにミツバチやアシナガバチに一度や二度は刺され、痛い思いをしたことがあるからに違いないと思います。その経験から「痛い」イコール「怖い」という図式ができあがったのではないでしょうか。

――私も子どものころにアシナガバチに刺されずいぶん痛い思いをしました。ミツバチにも刺されましたが、やはり、よく刺されますか？

矢島　気をつけていれば刺されません。もちろん刺されれば痛いですが、アシナガバチなどと違い、一度刺したミツバチは1日ほどで死んでしまいます。ミツバチはそのことを知っていますので、よほどのことがなければ刺すことはありません。ですから私は防護ネットなどはつけません。

――刺《さ》されないようにするにはどんなことに気をつければいいのでしょうか?

矢島　蜂《はち》は手で追いはらわれたり、声をだされるのを嫌《きら》います。また、黒い色も嫌いますから、ハチに近づくときは、黒い服は着ないこと。それから、ハチは外敵に対して攻撃《こうげき》を仕かけてきますので、不用意にかれらの生活の領域に侵入《しんにゅう》しないことが肝心《かんじん》です。

――なるほど、そうした蜂の習性を知っていれば、刺されることはほとんどないというわけですね。

矢島　そうです。習性や生態を知っていれば怖がることはないのです。まずはそのことをもう少し世間一般に広めてゆくことが組合の仕事のひとつです。

――組合が目指していること、これから取り組んでゆこうと思われていることはどのようなことですか?

矢島　テーマは自然との共生です。そのためには豊かな自然を取り戻さなければなりません。ミツバチや蜜《みつ》源《げん》植物にとって暮らしやすい環境を取り戻す、それができれば私たち人間も、もっと幸せに暮らせると思います。時間も手間もかかりますが、その分、やり甲斐《がい》もあります。先日も明治神宮《めいじじんぐう》でおこなわれた農協主催《しゅさい》の「農業祭」に当組合員の採取したはち蜜を出品、はち蜜しぼりを実演してきました。そうした地道な活動の延長線上に、自然との共生があると考えています。もちろん当組合のPR《ピーアール》も忘れませんでしたよ。

――組合員相互のコミュニケーションはどうとられているのです?

矢島　機関誌を配付していますが、いまはとくにパソコンのインターネットを活用したコミュニケーション

に力を注《そそ》いでいます。というのも正直なところ、私たちの組合には事務所がありませんので、インターネットが頼《たよ》りなのです。

――現在、組合員は何人いらっしゃるのですか？　また、組合員になるのに資格や条件といったものがあるのですか？

矢島　60名ほどです。ちなみに巣箱の数でいうと約700箱ぐらいかな。組合への加入や養蜂《ようほう》家になるための資格や条件などはいっさいありません。ミツバチが好きで興味があり、これから飼ってみたいという人であればどなたでも歓迎《かんげい》します。ただ、組合員になったら、はち蜜《みつ》を販売して、それを運営費にあてますので、そうした組合運営のお手伝いはしていただくことになります。

――最後に、これから養蜂を行いたいという人たちにアドバイスしてください。

矢島　最近の健康ブームで組合に入りたいという人はけっこういます。そんな人たちはだいたいが副業として蜂を飼ってみたいと望んでいます。中には本業としてやりたいという方もいますが、養蜂は農業、それも「畜産《ちくさん》」の一部分ですので、生半可《なまはんか》な覚悟《かくご》ではつとまりません。さらに、ミツバチという集団を統治しなければならないので、その技術をマスターするのにはかなりの時間と経験を必要とします。それに、私たちの組合では、はち蜜をできるだけ安い価格で販売していく方針ですので、その意味でも本業はむずかしいと思います。それでも養蜂をしたいという人には、私たちも精一杯応援《おうえん》していきたいと思っています。

養蜂《ようほう》業者になるための進路

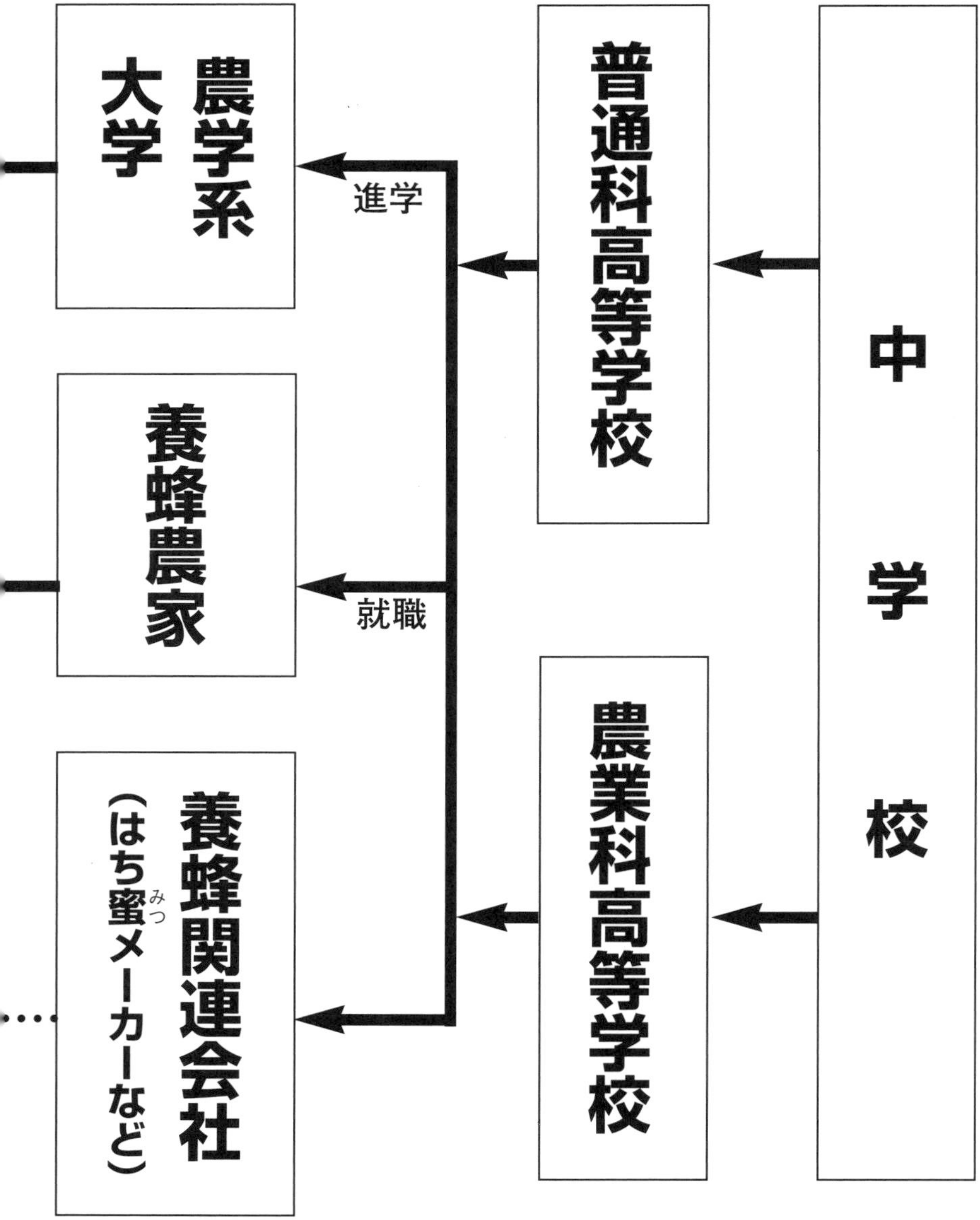

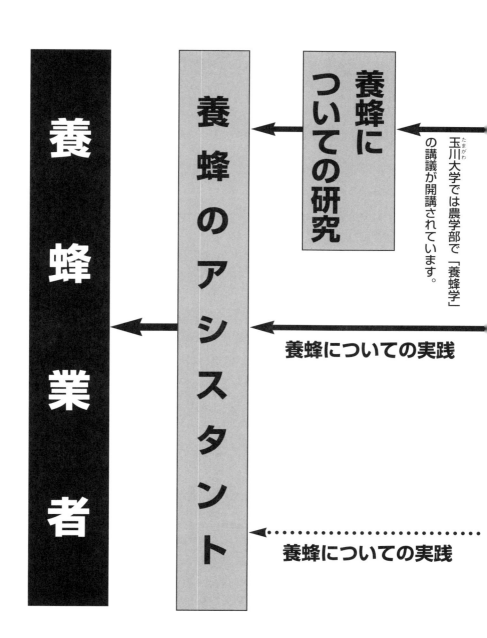

玉川《たまがわ》大学では農学部で「養蜂学」の講義が開講されています。

養蜂についての研究

養蜂についての実践

養蜂についての実践

養蜂のアシスタント

養蜂業者

	女王蜂	雄蜂	働き蜂
性別	メス	オス	メス
育つ巣房	王台	雄蜂巣房	働き蜂巣房
羽化日数	16日	24日	21日
脳	小さい	大きい	大きい
蜜胃	なし	なし	ある
卵巣	発達（約300卵巣小管）	なし	未発達（4-8卵巣小管）
巣での役割	産卵	交尾	清掃,育児,防衛,造巣,食糧貯蔵,採餌その他全般
一群あたり	1匹	100〜2500匹	20000〜50000匹
餌	ロイヤルゼリー	働き蜂からもらう、蜜、花粉	蜜、花粉
寿命	2〜4年	1か月	1〜6か月

これはミツバチの役割ごとの特徴を一覧表にしたものです
女王蜂《じょうおうばち》は特別な存在なのね

養蜂《ようほう》技術を取得する第一歩

はち蜜《みつ》の採取量を増やすためには、優秀《ゆうしゅう》な女王蜂をいかに飼養し、ミツバチの群れを増やすかという点が大切になります。

よい女王蜂を見分けるためには、何と言っても春先から夏にかけての産卵のようすで判別できます。すぐれた女王蜂の場合、蜂《はち》の数はどんどん増えていき、継箱《つぎばこ》をしてもすぐに満員になってしまいます。

これに対して、産卵の少ないものは一般《いっぱん》に不良女王蜂と呼ばれています。この場合は、すみやかに女王蜂を交換《こうかん》するか、新しい女王蜂を育成しなければなりません。養蜂業者の中には、すぐれた女王蜂を隔離《かくり》して、すぐれた種を保存する人もいるくらいです。

そのほか、飼養しているうちにミツバチが虚弱《きょじゃく》になってしまうことがあります。そのときには、ほかの業者から別の群れを購入《こうにゅう》して、異なる系統を入れることで強い群れを作るなどの方法がとられます。

このような技術は、長年の経験によって培《つちか》われていくものです。

一方、新人にとって、最初からミツバチと接することは不可能です。仕事は、越冬期《えっとうき》の道具の手入れや養蜂の現場での手伝いです。そこで、先輩のやり方を見ながら、実際にからだで覚えていくことになります。

いわば養蜂業は、伝統的な方法を守っている農作業です。現場におけるベテランの養蜂家と新人は、ちょうど徒弟《とてい》制度のような関係にあります。ベテランが教えてくれるのではなく、新人は積極的に技術を学ぶことが大切なのです。

そして大切になるのがミツバチの気持ちを知ることですが、そのために必要なのは、ミツバチの生態の理解であり、ミツバチが好きである気持ちなのです。

■巣箱のしくみ

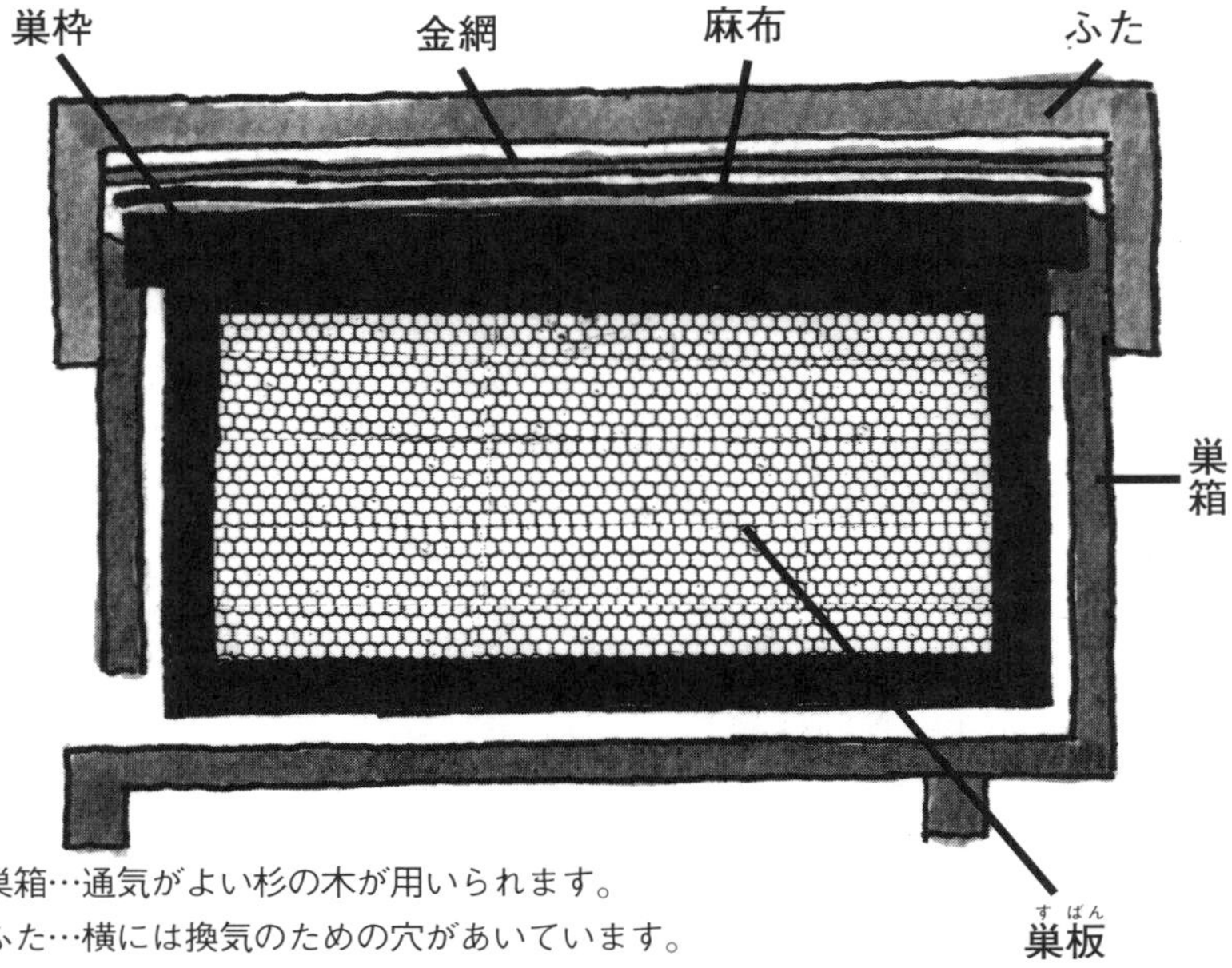

巣板《すばん》

●巣箱…通気がよい杉の木が用いられます。
●ふた…横には換気のための穴があいています。
●金網…ふたの内側にはってあります。
●麻布…冬は保温に役立ちます。
●巣板…たいてい１段の巣箱で６～８枚、２段の巣箱で15～17枚入っています。
●巣枠と巣礎…働き蜂が巣房を作りやすいように刻まれた六角形の土台が巣礎。この巣礎に取りつけたものが巣枠です。巣礎に蜂ろうをもり、巣板が作られます。

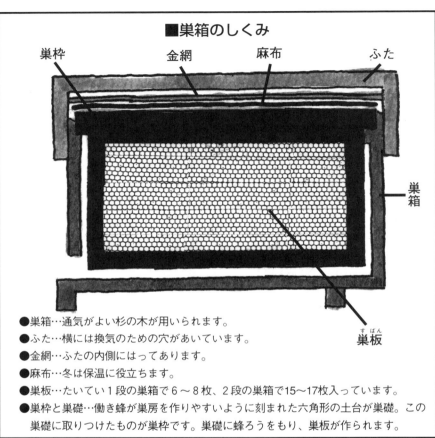

これは養蜂《ようほう》業で使う巣箱のしくみだよ
これを上手に使いこなせるようになれば一人前ね

養蜂業の一年とはち蜜《みつ》生産の実際を知る

養蜂業を営む人は、「養蜂振興《しんこう》法」（平成25年一部改正）という法律にもとづいて、毎年1月31日までに養蜂の届け出をしなければなりません。届け出は、業務を行う人の住所・氏名と飼育場所、飼養するミツバチの群れの数、そして飼養期間を指定の書類に記入して、地元の都道府県知事に提出します。もし、飼養のために別な土地を借りる場合は、その地域の都道府県知事に届け出て許可をもらいます。

届け出の目的は、行政機関がミツバチの群れの数を正しく管理し蜜源《みつげん》植物の保護を行い、はち蜜の増産を図《はか》ることにあります。たとえば、届け出の内容によってはち蜜の取り過ぎを規制することもできます。また、一部の蜜源の周りにミツバチの群れが過多に集まってしまうことを防止できます。

■養蜂の一年

こうして該当する地域の知事の許可がおりたら、巣箱など道具類の点検を行い養蜂の一年がはじまります。なお、一年目と二年目以降では世話の仕方が変わります。ここでは、一年目を基本に見ていきます。

●**2月**　もっとも冷え込みがきびしい時期です。保温に注意しながら、巣箱の修理や巣枠を組み立て、女王《じょうおう》蜂《ばち》のようすを点検します。九州《きゅうしゅう》や四国《しこく》の暖かい地方では、早くも蜜を採る作業（採蜜）がはじまります。

●**3月**　いよいよ産卵シーズンです。3週間ほどで羽化がはじまります。寒暖の差が激しいので、この時期も保温には十分気を配らなければなりません。本州《ほんしゅう》でも、一部では採蜜《さいみつ》がはじまります。

●**4月**　春本番を迎えて、この時期の蜜源《みつげん》は満開です。巣板を巣箱に入れて採蜜のときを待ちます。週に一回は巣箱の内検（巣箱内の手入れと確認）を行い、ミツバチの増加に合わせて新しい巣板を入れます。

ではここで、養蜂《ようほう》業の現場ではち蜜《みつ》が生産される基本的な手順を見てみましょう。

〈はち蜜の採集（採蜜）と生産する手順〉

①ミツバチの数が増えると巣箱の上に継箱《つぎばこ》が置かれます。ふたつの箱の間に隔王板《かくおうばん》を置いて遮断《しゃだん》すると、継箱には運ばれたはち蜜がどんどん貯められていきます。

②蜜の詰まった巣板を取り出していきます。このとき、巣板を強く振って蜂を巣箱の中に落とします。

③それでも蜂が落ちないときには、蜂ブラシを使って静かにはらい落とします。

④巣房にできた蜜蓋を切り取って、採蜜用の遠心分離器に巣板をセットしていきます。

⑤手で遠心分離器のハンドルを回すと、巣板からはじかれたはち蜜が遠心分離器の下部にたまります。

⑥これを別の容器に取り出して、それを1斗《と》（約18リットル＝1升《しょう》びん10本分）缶に移します。

⑦現地で集められたはち蜜は、シーズン中に1斗缶で数回に分けて工場に運ばれます。

⑧はち蜜は、ろ過器に移されて精製され、自動的にビン詰《づ》めされて商品となります。

●5月　北海道《ほっかいどう》でも採蜜がはじまります。ミツバチの増加に合わせて継箱をして、巣箱を二段にします。

●6月　腐蛆病《ふそびょう》やチョーク病のチェックをします。

●7月〜8月　夏期を迎えるとともに、スズメバチに注意をはらいます。

●9月　転地するなど、越冬《えっとう》の準備をはじめます。

●10月〜　空の巣箱は、手入れをして保管します。巣門を小さくして、越冬用の砂糖水などを与えます。

■病気対策

養蜂業者にとって、もっとも重要な仕事のひとつがミツバチの健康管理です。気をつけなければならないミツバチのおもな病気には、次のようなものが挙げられます。

●腐蛆病　家畜《かちく》法定伝染病に指定されており、アメリカ腐蛆病とヨーロッパ腐蛆病があります。いずれも、ふ化して数日の幼虫が細菌《さいきん》によって感染して死んでしまうおそろしい病気です。

この病気を発見したら、家畜保健衛生所に届け出なければなりません。とくにアメリカ腐蛆病は、万一病気にかかると感染が早く、巣の中で幼虫が腐乱するので巣を焼却《しょうきゃく》しなければなりません。予防薬があるので、予防をしっかりすることが求められます。

●チョーク病　この病気は届出伝染病です。ふ化から数日たった幼虫がハチノスカビに感染して起こる病気です。幼虫がチョークのように白くなって死んでしまうことから、この病名がつきました。予防薬には、ハチノスカビの消毒剤があります。

●バロア病　同じく届出伝染病です。からだの大きさが約1ミリメートルほどのミツバチヘギイタダニという、小さなダニが寄生して起こる病気です。予防には、ダニの防除剤があります。

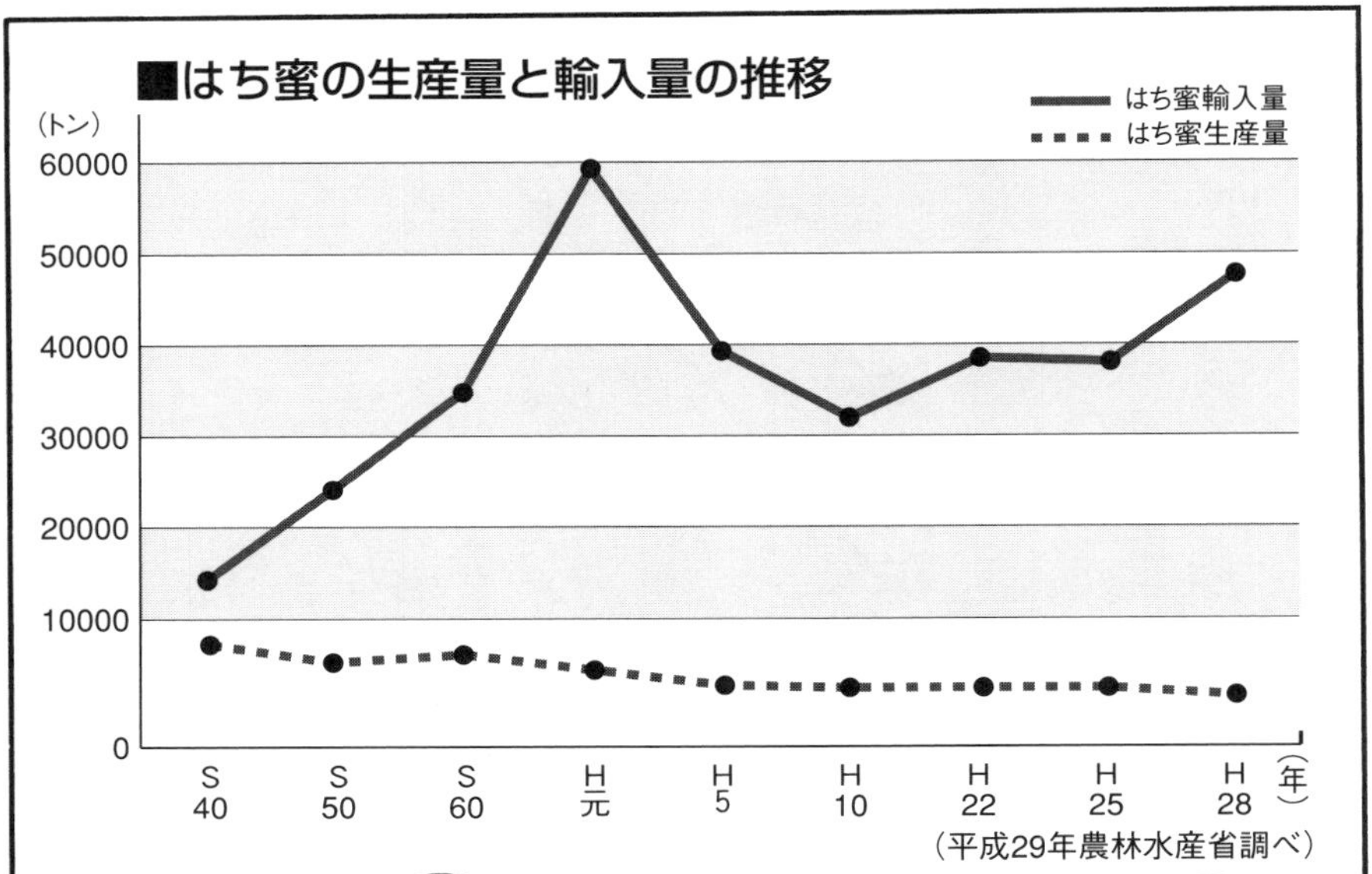
■はち蜜の生産量と輸入量の推移
はち蜜輸入量
はち蜜生産量
(トン)
60000
50000
40000
30000
20000
10000
0
S 40
S 50
S 60
H 元
H 5
H 10
H 22
H 25
H 28
(年)
(平成29年農林水産省調べ)

これは国産のはち蜜《みつ》の生産量を示したグラフだよ
輸入量も多いのね
でも日本のはち蜜の品質の高さは世界でも定評があるんだ
ようし私もがんばって良いはち蜜を採集するわ
私もがんばらなくちゃ

これからの養蜂《ようほう》業

現在、世界中で生産されるはち蜜の量は約120万トンといわれており、その40%以上の約50万トンが中国、旧ソ連地域、北アメリカで占められています。そんな中、日本では消費するはち蜜のほとんどを輸入に頼っているのが現状です。日本のはち蜜の輸入量は約4万トンにものぼり、国内で消費されるほとんどが輸入に頼っているのです。

しかし、わが国のはち蜜は、ひとつの種類の蜜源《みつげん》からじっくりとていねいに採取される花蜜から生産されています。そのため、たとえ生産量は少なくても、純正な品質の高さをたもち世界に誇《ほこ》れるものです。

また、最近の健康食品のブームによって、はち蜜だけでなくロイヤルゼリーや、巣を清潔にたもつための自然の抗菌剤《こうきんざい》といわれるプロポリスにも大いに注目が集まっています。

さらに養蜂は、ハウス農業でも大いに活用されています。ハウス栽培《さいばい》とは、ビニールハウスや温室などを利用して、一年を通して野菜や果物を生産する農業です。そのハウス栽培では、ミツバチをハウス内に放して花粉交配させるポリネーションが注目の的なのです。とくにイチゴ栽培の現場では、粒《つぶ》が大きくて形が整ったものが生産されるなど、すでに大きな実績を挙げています。そのため、最近で、ポリネーションで活《かつ》躍《やく》するミツバチを専門に扱う養蜂業者もあらわれているくらいです。いまやミツバチの働きと高い能力は、各方面から注目されており、その経済効果も認められつつあります。

このような状況に合わせて養蜂業では、時代の要求に応じてすぐれた養蜂技術を実践《じっせん》できる新しい後継者《こうけいしゃ》がもとめられているのです。

だから私はこの仕事

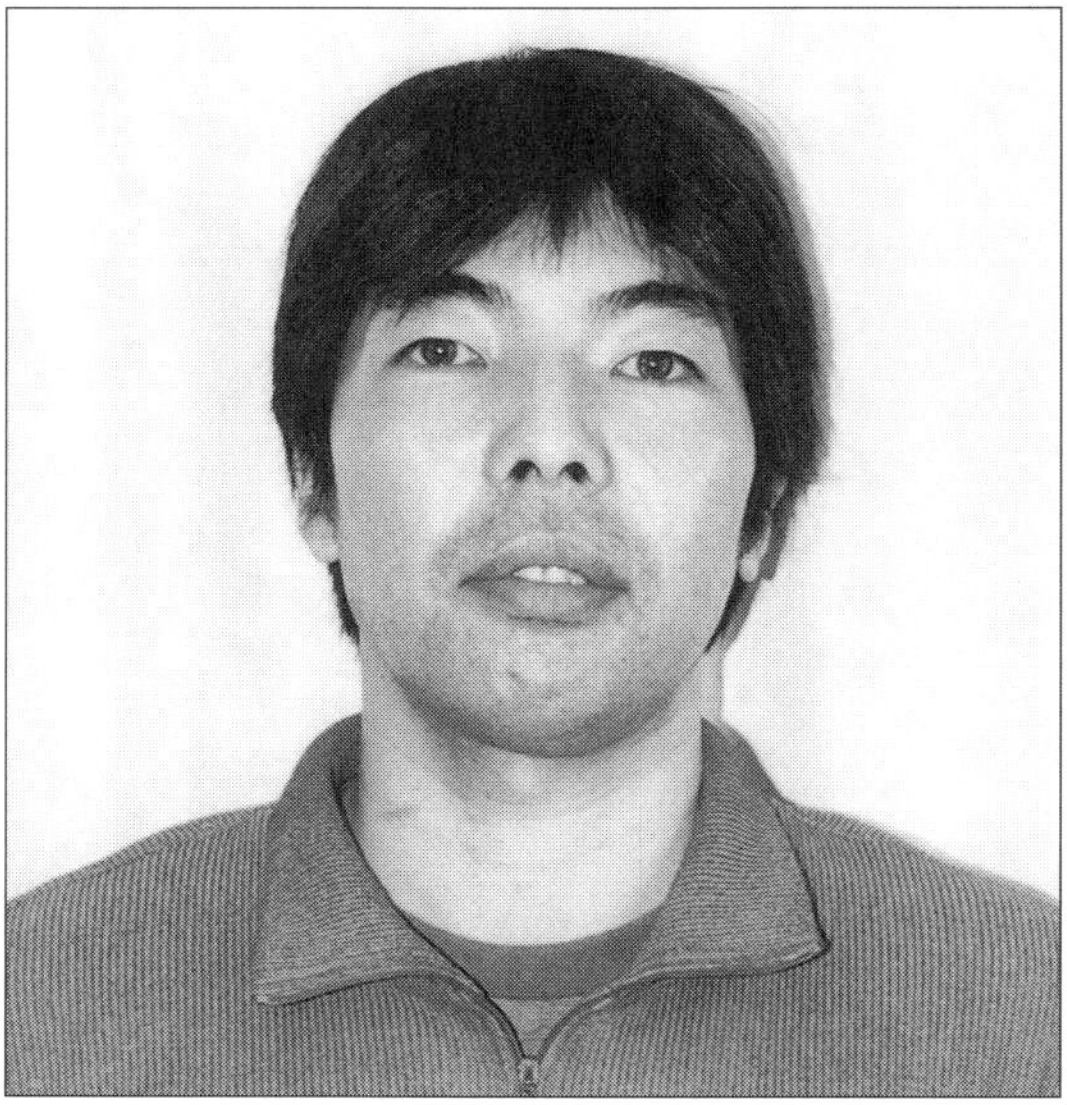

大和《おおわ》 武敏《たけとし》さん
（養蜂業スタッフ）

神秘的な「ミツバチの世界」に触《ふ》れながら、自然の中で気持ち良く仕事できるのが魅力《みりょく》です。

偶然《ぐうぜん》出会ったこの仕事にすっかり魅了《みりょう》されて…。

——この世界に入ったきっかけを教えてください。

大和　私の場合、ちょっと変わってまして。もともとは生協（生活協同組合）の職員だったのですが、取り引き先だったこの会社（株式会社スリーエイト）が人手が足りないということでお手伝いに行ったのが養蜂《ようほう》にかかわるきっかけなのです。それまでは、はち蜜《みつ》のことも、養蜂のことも、まったく知りませんでした。

――どんな手伝いをされたのですか？

大和　手伝いといっても、仕事の内容は社員とまったく同じことを行いました。最初は一年間。それからもう一年間延長して、三年目には生協を辞《や》め、スリーエイトに就職させてもらいました。

――なぜ、就職されたのですか？

大和　養蜂という仕事がすっかり好きになってしまったんですね。最初は何の知識もなかったのですが、社員の方からひとつひとつ教えてもらいながら作業をしていくうちに、その魅力《みりょく》にどんどんはまっていきました。

女王蜂《じょうおうばち》を中心とした群れの構造や働き蜂《はち》の習性にも興味を持ちましたし、はち蜜には花の種類によっていろいろな種類があって、さまざまな味わいがあると知らされて感激しました。生き物が相手の仕事ですから、毎日多かれ少なかれ、変化があるということ、大自然の中で気持ち良く仕事ができるということも、大きな魅力に感じました。

――ミツバチが好きになりましたか？

大和　それはもちろん。養蜂という仕事はけっして楽な仕事ではありませんから、ミツバチが好きでなければ続けられないと思います。業界では、「あの養蜂家のミツバチは攻撃的《こうげきてき》で扱《あつか》いにくい」とか、「あの家のミツバチはおとなしくていい」というようなことを言ったりします。これは、餌《えさ》をたっぷり与えてあげたり、やさしく扱ってあげないと、言うことをきかない暴れん坊のミツバチになってしまうということなんです。ですから、愛情を持って蜂に接するということはとても大切なことなんですよ。

養蜂の現場では若い力が求められています。

――大和さんの一年間の仕事の流れを教えてください。

大和　4月に東京《とうきょう》の多摩川《たまがわ》でサクラの蜜を採ってから、長野《ながの》県の安曇野《あずみの》に移って6月中旬までリンゴ、トチ、アカシアの蜜を採ります。その後、長野県内で少しずつ場所を移動して山の蜜《みつ》などを採取。9月には採蜜作業は終了し、ミツバチを暖かな三重《みえ》県、東京《とうきょう》に移して越冬《えっとう》させたり、一部はイチゴやメロンの花粉交配を行わせるために栽培《さいばい》農家に渡《わた》します。花粉交配は人間の手でやるより、ミツバチがやる方が形のいい果実ができると、最近需要《じゅよう》が高まっているのです。

冬の間は東京の工場で出荷作業を行います。採蜜中は現地に下宿して、雨の日以外は休みなく働きますが、工場の出荷作業中は午前9時～午後5時までの勤務で、週休2日制となり、少しゆっくりできます。

――すごく変化のある仕事なのですね。

大和　そうですね。仕事場や生活環境が変わるのはもちろんですが、天候などによってミツバチのようすも日々変わりますので、その変化を事前に察知《さっち》し、ミツバチが働きやすい環境を整えてあげるということにも神経を使わなければなりません。

――大変だなぁと感じることはありますか？

大和　養蜂《ようほう》は、けっこうな力仕事なんですよ。たとえば多摩川《たまがわ》から安曇野《あずみの》へミツバチを移動させる場合、夕方まで作業したあとに働き蜂《ばち》が巣箱に戻ったらフタをして、夜のうちに運ぶのです。現場に到着したら、トラックから箱をひとつずつ出して、設置する場所まで担《かつ》いで運びます。１５０個の巣箱を５か所に分散して設置するのですが、１箱30キログラムもある大荷物を担ぎ、暗い山道を登ったり下ったりするのですから、かなりの重労働です。養蜂業につく人びとは年々高齢化していますから、このときには本当に、若い人たちが必要とされていると感じますね。

純度の高いはち蜜を生産するのが夢です。

——逆に、この仕事で良かったと思うときはどんなときですか?

大和　安曇野では毎日朝3時に現場に到着《とうちゃく》し、夜明けとともに作業を開始します。ひと仕事を終えた朝7時ころ、持参した食パンに蜂蜜をたっぷりぬって朝食をとります。木立《こだち》の中で、すがすがしい朝の光をあびながら食べる採りたてのはち蜜のおいしさといったらないです。それから、採ったはち蜜を１斗《と》缶《かん》で工場へ運び、加熱&ろ過《か》して透明感《とうめいかん》のある美しいはち蜜をびん詰《づ》めするときも、なんとも言えない感動がありますね。

——はち蜜は透明な方がいい?

大和　採取する花の種類によって色も味も変わるのですが、現在、日本で一番採取量が多いアカシアの蜜は透明度が高いほど純度が高いということになります。純度が高いということは、ほかの花の蜜が混じらないということです。アカシアの近くに蜂の巣箱を置いても、すべての蜂がアカシアの花の蜜だけを採ってくるわけではないんですね。天候や時期や環境などによってすごく左右されるのですが、それらを見極《みきわ》めて、できるだけ純度の高い日本一と言われるアカシアの蜜を採るのが、現在の夢です。

養蜂業者
適《てき》性《せい》診《しん》断《だん》

昆虫《こんちゅう》、とくにミツバチが好き

蜂《はち》をこわがるようでは、まず養蜂《ようほう》にかかわることは無理です。防護服を着ているとはいえ、ミツバチの群れの中に入って扱《あつか》うことになりますから、まずミツバチが好きという気持ちが求められます。

体力に自信がある

採集したはち蜜《みつ》は、一斗缶《いっとかん》に入れて運びます。一斗とは、約18リットルです。つまり、一升《いっしょう》びん10本分の重さがある缶をいくつも現場で運ばなければなりませんのでかなりの重労働です。

探求心が旺盛《おうせい》である

ミツバチと接するためには、ミツバチの生態をよく理解することです。ミツバチの生態を知ることは、より多くのはち蜜を採集することにもつながります。いろいろなことを探求する気持ちが大切です。

もっと、くわしく知りたいときに

■養蜂について知りたいときは

一般社団法人日本養蜂協会

URL　http://beekeeping.or.jp/

■ミツバチについて知りたいときは

玉川大学ミツバチ科学研究センター

URL　http://www.tamagawa.jp/resarch/academic/center/honey.html

生き物を育成する仕事

養殖漁業者

魚介類《ぎょかいるい》を自然のままの環境で育てて水産資源を
安定して提供するために活躍《かつやく》する海の専門家

people

海の「ミルク」といわれるカキは、ほとんどが海面養殖《ようしょく》で生産されています。

岡山県カキ養殖業者

橋本《はしもと》 進《すすむ》さん

イカダで育成されたカキは手作業でむき身にされます。

生の魚貝類をほとんど食べることのないヨーロッパやアメリカでも、「海のミルク」とよばれるほどに栄養価の高いカキだけは、なぜか生で食べられています。日本では9月ごろから翌年の4月ごろまで安心して食べられますが、旬は冬の12月から2月の寒い季節とあって、鍋物やフライとして人気の高い食材です。

カキは種類がたいへん豊富で２００種類以上におよぶといわれ、日本には20種ほどが生息しています。代表的なのはマガキ、イワガキ、ケガキ、シイタボガキなどで、世界中で食べられているのはマガキです。この中でイワガキだけは夏が旬です。

天然もののカキは北海道《ほっかいどう》から沖縄《おきなわ》まで広く分布《ぶんぷ》し、潮間帯《ちょうかんたい》といって、干潮時に海面から露出《ろしゅつ》する岩に生息しています。しかし、現在日本で食べられているのはほとんどが養殖ものです。

私たちが行っているカキの※海面養殖では、竹を組んだイカダの上で作業します。カキの養殖の第一歩は、このイカダを使った採苗《さいびょう》作業に始まります。その時期は7月から8月にかけてで、海水中に浮遊《ふゆう》しているミリ単位の大きさのカキの幼生を採苗器に付着させます。その数は全イカダで2万４０００個にのぼります。

次に行うのが抑制《よくせい》作業です。8月から翌年の4月まで、採苗した稚《ち》ガキを抑制棚に垂《た》れさげて、毎日日干《ひぼ》し（干出《ひだし》）させます。海には微少《びしょう》な生物がたくさんいてそれらが稚ガキに付着しないようにするためです。干出によって付着物を殺し病気を予防し、カキだけを健康に育てあげていくわけです。

翌年の4月になると、抑制していた※ホタテバンの本養殖をはじめます。これはカキの成熟を抑《おさ》えて産卵後にすぐ死んでしまうことを少なくさせるためです。秋になって台風の季節が去ると、イカダの設置場所を潮流《ちょうりゅう》の強い沖合《おきあ》いの漁場へ移して身を太らせます。

10月、いよいよ出荷です。生育したカキをイカダから船で港にあるカキむき工場へ運びます。ここですべ

※79ページを参照

てのカキは浄化処理《じょうか》をほどこされます。紫外線《しがいせん》で滅菌《めっきん》した海水に一定時間浸《ひた》しておき、カキを浄化します。かなりの手間をかけていることが分かると思います。

滅菌処理の終わったカキは、ひとつひとつ手作業でカラむきされます。お店などで見られるような身だけになった形にするわけです。このカキガラと身を分離させるのはなかなかにむずかしいもので、実《じつ》はかなりの熟練を必要とする作業です。このカラむきは、朝の7時に始《はじ》まり、出荷量に合わせ終了しますが、通常ですとだいたい午後4時ごろまで行われます。

ここの工場ではパートを合わせて150人以上の全員が手作業でカキむきにあたっています。工場ができたのは平成8年で、それまでは養殖《ようしょく》業者が個々の工場で作業を行っていました。現在も、そうした諸島にも工場があり、そこで働いている方たちを入れると、この漁協でのカキむき従事者の総数は500人を越えます。

1人が1日でむくカキの量は、カキ1個の重さを10グラムとして、30キログラムほどですから、個数にすると3000個になります。カキむきの従事者を約500人として計算すると、1日の出荷量はだいたい10トンです。

カキの養殖にとってもっとも大敵は台風と赤潮です。

カキの養殖にとって、台風と※赤潮などの自然災害との戦いは宿命みたいなものです。とくに9月は、台風シーズンが去るのを待って、イカダを沖合《おきあ》いに移さないといけないので、この時期に台風がやってくると、カキ養殖にとってかなりの被害《ひがい》となります。

また、カキにとっては水温が高すぎても低すぎてもいけません。適温があるので、夏の猛暑《もうしょ》も残暑もたいへん危険ですが、猛暑よりは残暑がよりいっそうリスクが高く、残暑が長引くとカキが成長する前に死んでしまう率は50%以上にのぼります。

赤潮も台風や猛暑、残暑同様に漁獲量《ぎょかくりょう》に悪影響《えいきょう》をお

※94ページ参照

よぼします。赤潮とよばれているのは、大量発生したヘテロカプサというプランクトンで、カキはプランクトンを餌《えさ》にしていますが、このプランクトンは餌にはならないばかりか、カキの味であるうま味を殺してしまう大敵です。さらに、赤潮がカキの養殖場に1週間も停滞《ていたい》すれば、酸欠死で全滅《ぜんめつ》してしまいます。

同じプランクトンでも、カキの餌となるプランクトンは、珪藻《けいそう》プランクトンとよばれ、これはカキの味を左右する大事なプランクトンです。

また、この珪藻プランクトンが多いか少ないかで、1年間の漁獲量を占《うらな》うことができますし、豊漁、不漁の明暗がはっきりつきます。というのもカキは無給餌《むきゅうじ》養殖なので、異常気象などが影響して餌が不足しても手の打ちようがないのです。

最近は過去のデータでは対応できない事態がときどき起こります。そのもっとも顕著《けんちょ》な例が、異常気象などによる海の環境の変化であり、それがそのまま海の常識をくつがえしているのです。

そうなると私たち生産者の側も古い常識にしばられ

ていてはいけません。

カキの養殖《ようしょく》漁業を、魅力《みりょく》ある仕事として伝えていきたい。

そこで、ひとつの試みとして、海洋環境の保全など、時代の変化に応じた漁場の選定と環境《かんきょう》整備、消費者の要求に合わせた品種改良に挑戦《ちょうせん》したいと考えています。私たち漁協の人間が先決すべきは、どうしたら良い漁場を作れるかという問題に本格的に取り組み、その研究に力をそそぐことなのです。

もちろん品種改良も必要です。5、6年かけて世代交代をくり返し、夏の暑さと残暑に強い種で、しかもこれまでのものより粒の大きくてよりおいしいカキに改良したいと考えています。それを私たちのブランドとして全国の消費者のみなさんに食べていただくのが夢です。

正直言いますと、養殖という仕事はかなりつらい部分があります。まず、養殖に関する技術の習得を必要としますから、そのため技術を習得するための期間が必要となります。

次に、8トンクラスの漁船と多くの漁具類を必要とします。これにかかる経費は最低でも４０００万円。さらに、海の上でのことですのでつねに危険がつきまといます。イカダに乗っての作業は、かなりの肉体労働を強いられますし、そのためにイカダを組んだ丸太の上を乗りこなす器用さと、技術が求められるのです。

冬場はとくに危険が増します。カキの水揚げは、夜中の1時、2時に船で養殖場へ出かけ、暗い中を照明ひとつでクレーンを操作し引き上げます。この作業をすべてひとりで行うのです。危険がともなう仕事という自覚と覚悟《かくご》がなければつとまりません。ちなみに死亡事故が年に1回は生じています。操船技術、クレーンの操作技術、危険に対しての対処のしかた、海や天気などの自然に対する知識といった、カキ養殖に必要な技術と知識の習得にどうしても数年はかかります。

また、私たちの仕事は、カキの養殖だけではありません。カキの養殖と同時に漁船魚業も行っています。半年をカキの養殖に、残りの半年を漁船漁業にあてているのです。

　現在、組合員は86名おりますが、全員の平均年令はじょじょに上がってきています。それとともにカキの養殖事業を受けついでくれる若い人たちもだんだんと減りつつあります。一時は86名の組合員のうち、36人の跡継《あとつ》ぎがおりました。それが、いまでは22人に減りました。

　この後継者《こうけいしゃ》問題は、とくに農業、林業、水産業をはじめ、大工《だいく》や職人など伝統的技術や知識の習得をする職業分野では、深刻さを増すばかりですが、幸い私たちの漁協にはまだ漁業従事者の後継者が3分の1近くおります。

　だからこそ、後を受けついでくれる若い人の目に、カキの養殖事業が「魅力のある仕事」として映るよう、努力をしていかなければならないと考えています。

people

消費者に魚介類《ぎょかいるい》を安定して供給するため、ハマチの養殖《ようしょく》にたずさわっています。

香川県ハマチ養殖業者

嶋野《しまの》 勝路《かつじ》さん

ハマチが県魚に選ばれて、たいへん誇《ほこ》りに思っています。

私がハマチの養殖にたずさわっている香川県《かがわけん》は、海面における養殖発祥《はっしょう》の地です。ハマチの養殖が日本で行われたのは、昭和３年（１９２８）に引田町《ひけたちょう》の野網和《のあみわ》三郎《さぶろう》さんという方が安戸という池で養殖に成功したのがはじまりです。安戸池は播磨灘《はりまなだ》に面して水門が設けられたかん水池です。かん水というのは、海水のことをいいます。

当初はこの池の一部を網《あみ》で囲み、そこに魚を放っていましたが、のちには水門に金網《かなあみ》を設《もう》けて池全体で養殖を行うようになりました。さらにその後、天然の入り江を堤《つつ》みで仕切ったり、支柱や金網で仕切る方法などが開発されました。結局、施設《しせつ》費や維持《いじ》管理費の面でもっとも経済的な現在の生けす（81ページ参照）の形が普及《ふきゅう》、定着していきました。

ところで、どこの都道府県でも県の木や花が決められていますが、県の魚、「県魚」というのを聞いたことがありますか。香川県では全国へ向けて県水産物のイメージアップをはかり、ＰＲ《ピーアール》を促進《そくしん》していくとともに、県民の水産業への関心を高め理解と親しみを深めようと、平成７年に県の水産物のシンボルとなる「県魚」を決めました。県の代表的な20種類の魚の中から選ばれたのが、私たちが養殖をしているハマチなのです。県魚の指定ということでは全国で26番目でしたが、ハマチが「県魚」として指定されたのは全国ではじめてのことで、私たちにとってはとても誇らしいことでした。

ハマチが選ばれた理由は、香川県がハマチ養殖の発《はっ》祥《しょう》の地ということがやはり第一でした。そのほか、ハマチの生産量が全国の９・２％を占め全国４位であること、さらに香川県漁業協同組合連合会によるハマチの取扱量が全国１位であることなどがその理由としてあげられています。

ハマチの親戚《しんせき》にカンパチという魚がいますが、私たちは、ハマチといっしょにこのカンパチも養殖しています。お刺身《さしみ》でなじみの深い魚ですが、漁獲《ぎょかく》量が少なく高価なことから、安価《あんか》でできるだけ多くの人たちに食べてもらいたいと養殖《ようしょく》事業に乗り出しました。

ここで、瀬戸内海《せとないかい》におけるハマチ養殖の環境についてかんたんに説明しておきましょう。

ハマチの人気上昇の中で、過剰《かじょう》生産に対応しています。

4月になると、他県で飼育された2年魚（生まれてから1年間飼育されたもの）のハマチが庵治の屋島湾《やしまわん》の生けすに船で搬入されます。すべてのハマチが搬入されるのにおよそ20日を要します。ハマチ養殖業者の仕事はこの搬入とともにスタートします。ちなみにカンパチは、搬入が1か月遅く5月になります。次に生けすについてですが、庵治漁協では生けすを港から船で5分ほどの屋島湾の沖合《おきあ》いに１６０台設置しています。生けすの大きさは、縦10メートル、横10メートル、

深さが3・5メートルです。

屋島湾の海の深さが6メートルしかないので、平均的な生けすの深さに比べると浅いのですが、ハマチの生育には影響《えいきょう》しません。1台の生けすには、それぞれハマチ3200匹、カンパチ2500を匹入れます。

ハマチとカンパチの養殖技術はここ数年で飛躍的《ひやくてき》に伸びてきています。また消費者にハマチやカンパチが広く知られるようになり、大きなスーパーなどでの需要《じゅよう》も拡大しています。それにつれて瀬戸内海産の養殖ハマチ、カンパチの名も全国的に売れはじめています。とくに関東《かんとう》地方では、焼き物用の切り身として需要が伸びています。もちろん刺身《さしみ》としても人気の魚です。カンパチは3日ほどは変色することがないので、近年、刺身としての需要が増えてきており、じょじょに市場が確立されつつあり、それにともない生産量も増えつつあります。

しかし良いことばかりとはいえません。現在、養殖業者は共通の悩みをかかえています。というのも、ハマチは全国的に見ても過剰生産の状態にあり、価格が下がる一方で安定していません。この問題解決には全国規模で同業者間での話し合いによる調整が不可欠と考えています。それで、全国の同業者によびかけているのですが、なかなか実現せず、頭の痛いところです。

安価で安心、安全なハマチの供給をめざしています。

いずれにしても大切なことは、養殖魚の価格を乱高《らんこう》下《か》させないことです。自然まかせの天然魚は大漁のときもあれば不漁のときもあり、お寿司《すし》屋さんの品書きに時価《じか》とあるように、価格を安定させることは至難《しなん》の業《わざ》です。しかし、養殖魚《ようしょくぎょ》ならば毎日同じ量の魚を出荷することができるのです。安定した数の魚を供給できれば、市場での価格も安定します。そうすれば、お店で売られる価格も安定します。私たちの手でそれができるというのが、養殖業の強みでもあるのです。

価格の安定はとりもなおさず消費者へのサービスに

もつながります。消費者はお金をはらって養殖魚を買っているわけですから、当然私たち養殖業者は安全で安心できる、しかも、おいしくて安価な魚を育てなければなりません。それが私たち養殖業者の使命だと考えます。また、魚の価格が安定すれば、養殖業者の経営そのものが安定します。そして、このことが後継者《こうけいしゃ》にとっても頼《たの》もしい魅力になると思うのです。

そうである以上、私たちが目指すところははっきりしています。それはハマチのブランドづくりです。天然魚に負けない健康でたっぷりと肉のついたおいしい養殖魚づくりです。そのためにはこれまで以上に栄養がある餌《えさ》の研究と開発に力を注がなければなりません。もちろん海を汚《よご》さない餌であることが前提《ぜんてい》であることはいうまでもありません。

日本は少子高齢化《しょうしこうれいか》で人口減少が加速しています。一方、世界的には逆に人口は爆発的《ばくはつてき》に増え、食糧《しょくりょう》危機の到来《とうらい》が心配されています。今後ますます魚類は貴重なタンパク資源として見直されるはずです。

しかし、食糧危機に対応できるだけの漁獲《ぎょかく》量はあるのでしょうか。たとえば日本が国内で自給できる水産物の量は、平成12年で53%という低い数字です。この数字では食糧危機に対応することはできません。

けれど、養殖事業であればこの危機に対応できるばかりか、強みを発揮《はっき》することができるのです。何が強みといえば、それは、養殖が、人の手によって増産を可能にすることができるからにほかなりません。

安価な上に、安全で安心して食べていただける魚介類を消費者にお届けするのが私たちの仕事であり、養殖業者の使命であるなら、養殖魚を増やして食糧危機に備えることにも、養殖事業の意義があると思います。これからは自分たちの世代のことだけではなく、未来を視野に入れた事業展開をしていきます。

魚屋さん
今夜は お刺《さ》し身《み》に しようかしら
ガラーン
…と思った けれど 魚がないわ
すごい！ 今日は魚が 全部売り 切れなのね
トホホッ
ハア〜
それどころか 魚がまったく 入荷しない んですよ
ええっ!? まさか 私たちの 食卓《しょくたく》から 魚が消えて しまうんじゃ ないで しょうね
ガーーン
まっ…これは 大げさですが
水産資源が減って いることは たしかなんだよ

水産資源の危機に瀕《ひん》している世界の漁業

日本は、1970年代の後半まで世界にほこる漁業大国でした。しかし、その勢いも1977年を境にして急速におとろえてしまいました。その背景には「200海里宣言《かいりせんげん》」という、自国沿岸の水産資源を保存することを目的とした世界的な漁業の取り決めがありました。ちなみに200海里とは、約370キロメートルの距離《きょり》にあたります。

200海里宣言とは、それぞれの国が自分の国から200海里までの海での外国の漁船による操業を規制したものです。それまで日本では、遠くの海まで出かけて漁を行う遠洋漁業がさかんでした。200海里宣言が、遠洋漁業に大きな打撃《だげき》を与えたことは言うまでもありません。さらに、日本の場合、隣国《りんごく》との距離が近いために近海での漁業も制限され大きな影響が出ました。

こうして、日本の漁獲高《ぎょかく》はしだいに減少していき、それまでの世界第1位の座から転落してしまいました。2000年のデータでは、中国とペルーについで第3位となったのです。

さらに食用魚介類の自給率の推移を見ても、ピークだった1964年の113%に比べて、2018年には59%に落ち込んでしまいました。これは、逆に食用の魚介類の輸入量が急増していることを意味しています。ただ、状況がいかに変化しても、日本が世界でも有数の魚の消費国であることに変わりはありません。

しかし、漁業にたずさわる人たちは、日本ばかりか世界中の漁業の将来にかかわる水産資源の減少という深刻な事態に直面しています。これは、海の環境《かんきょう》保全にも関係することで、一刻も早く地球規模で解決しなければならない問題なのです。

　このような問題点を解消するために、いま、注目されているのが「つくり育てる漁業」です。

「つくり育てる漁業」の代表は養殖《ようしょく》漁業ですが、どのようなスタイルの漁業なのかを知るために、まず、日本の漁業のようすをおさらいしておきましょう。

　日本の漁業は、大きく沖合《おきあい》・遠洋漁業と沿岸漁業に分けることができます。

■沖合漁業とは…日本の200海里水域内で行われる漁業。漁場は、港から数時間の水域からロシア水域や大平洋《たいへいよう》南方の水域まであります。

■遠洋漁業とは…世界の港に寄港しながら、世界中の海をめぐって操業する漁業です。

〈おもな沖合・遠洋漁業〉

●遠洋マグロ漁　太平洋からインド洋、そして大西洋《たいせいよう》まで、まさに世界の海をかけめぐり、クロマグロ、ミナミマグロ、メバチマグロなどを捕獲《ほかく》します。

●遠洋カツオ漁　南太平洋から赤道直下、そしてアリューシャン列島沖まで、黒潮の流れの中を北上するカツオの群れを追いながら一本釣《いっぽんづ》りを行います。

●遠洋トロール漁　トロールというのは、オランダ語で「引っぱる」という意味です。北半球はもちろん、南半球から南極《なんきょく》まで出かけます。捕獲した魚は船の上でたちまち加工して持ち帰ります。船の種類も「冷凍《れいとう》加工船」「すり身加工船」「エビトロール船」があり、スケトウダラ、キンメダイエビなどを捕獲します。

●遠洋イカ釣《つ》り漁　南太平洋から南米沖《なんべいおき》、そして北太平洋を移動して行われます。日暮れになると、300キロワットにもなる明るさの電球をともした中で、マツイカ、オオアカイカ、アカイカなどが捕獲されます。

●沖合底びき網漁《あみりょう》　海中に投げ入れた網を1～2そうの漁船で引きながら、網に入った魚を捕獲します。

●沖合イカ釣り漁　遠洋イカ釣り漁とほぼ同じ方法で行われ、スルメイカ、ヤリイカなどを捕獲します。

●大中型まき網漁　船団を組み、海面近くを回遊するアジ、サバ、イワシなどを捕獲します。

●近海カツオ漁　季節により漁場を変えながら、イワシのまき餌《え》を使って一本釣りしていきます。

■**近海マグロ漁**　160キロメートルにもおよぶ「はえなわ」に餌《えさ》の小魚をつけて、キハダマグロ、ビンナガマグロなどがかかると、なわを機械で巻きあげて捕獲します。

■**沿岸漁業とは…**海に囲まれた日本全国の沿岸が漁場となります。

〈おもな沿岸漁業〉

●**定置網漁**　沿岸の定められた位置に網をしかけて、網に入った魚を捕獲します。網には、魚群を誘導《ゆうどう》するための垣網《かきあみ》と魚群が入る袋網《ふくろあみ》があります。

●**まき網漁**　大きな群れを作るアジ、サバ、イワシなどを、光で集めながら大きな帯状の網で包み込むようにして捕獲します。

●**小型底びき網漁**　二本の引き網がついた袋状の網を引いて、海底にいるカレイ、ヒラメなどを捕獲します。

そして、これから紹介していく養殖漁業も、沿岸漁業の一種類です。では、くわしく触《ふ》れてみましょう。

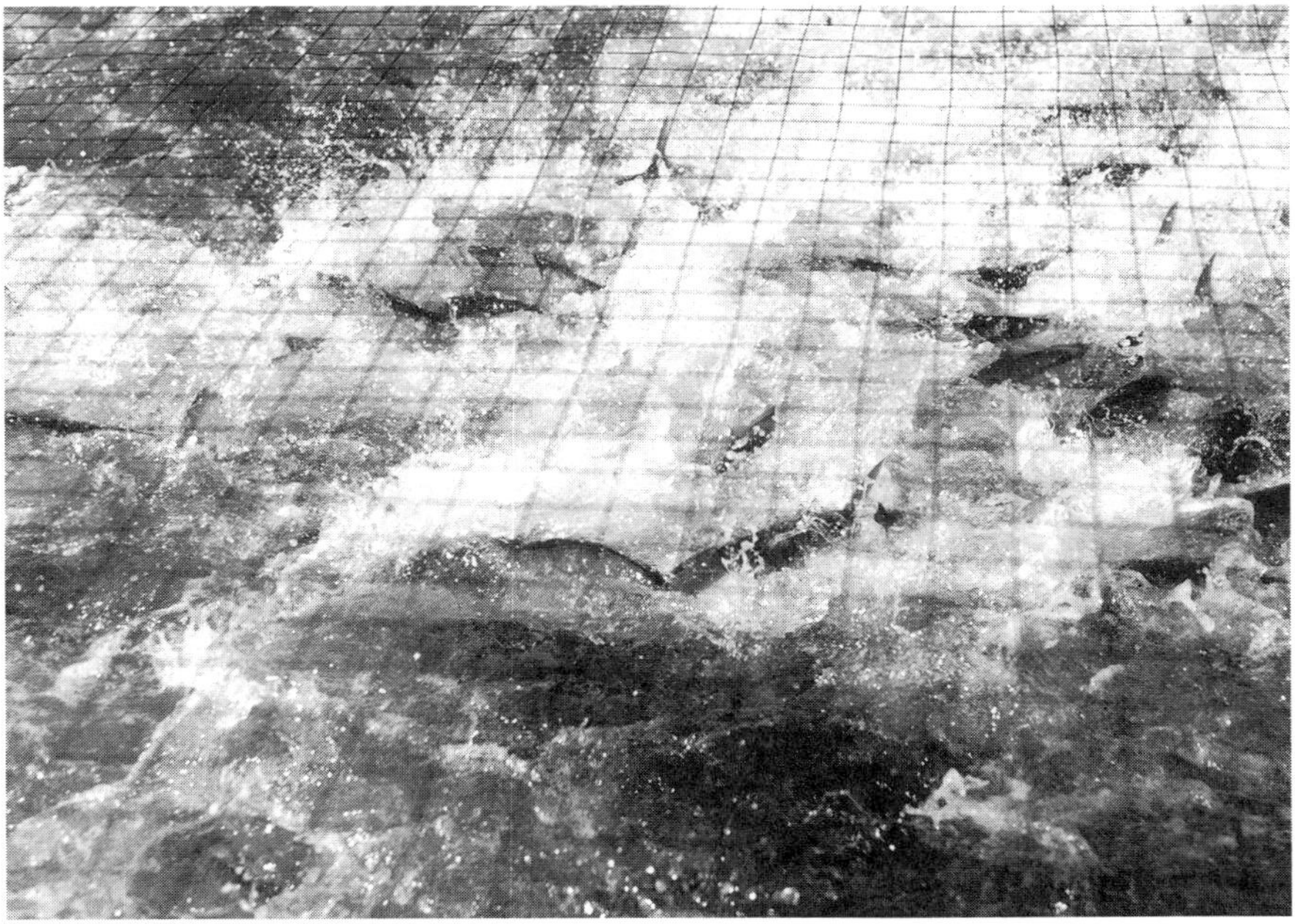

あれっ あんな ところに イカダが あるぞ
あれは 海面養殖《ようしょく》の ための 「生けす」だよ
海面養殖!?
生けす!?
養殖とは 人の手によって 魚介類や海藻《かいそう》 などを育てる ことで
水産資源を安定して 供給できることから 世界中で注目されて いる漁業なんだ
そうなんだ

養殖漁業とは

養殖漁業とは、海の生き物を幼いときから人の手によってつくり育てて出荷する水産業の一分野で、海の酪《らく》農《のう》・畜産《ちくさん》ともいわれています。沿岸の海や河川《かせん》、湖沼《こしょう》など区画された水域で魚介類を生産するため、不漁の心配が少なく安定した漁獲《ぎょかく》量を計画できます。

さらに「つくり育てる」方式は、水産資源の保全にも貢献《こうけん》しています。そのため、養殖漁業は国内のみならず世界の国々からも大いに期待されているのです。このような状況のもと、日本の養殖漁業は技術革新を続け、各方面から高い評価を受けています。

農林水産省の２０１８年現在の資料では、日本国内の漁業総生産量は４３８万９０００トンを記録しています。また、養殖漁業の収獲《しゅうかく》量は１０６万３０００トンで約23%を占めています。（このうち、海面養殖業は１００万２７００トンとなっています）

●養殖される魚の種類　養殖漁業は内水面（河川、湖沼等）養殖漁業と海面養殖漁業に大きく分けられます。内水面養殖業で生産される魚種は、ウナギ、マス類、コイ、アユが主要4魚種といわれています。

本書では、おもに海面養殖漁業に触《ふ》れていきますが、海面養殖漁業で生産される種類は、おもに魚類ではタイ類、ノリ類、ホタテ貝、ブリ類、カキ類、コンブ類、ワカメ類などです。

●海面養殖漁業　魚介類の中でもっとも歴史が古いとされるのはカキの養殖で、宮城《みやぎ》県では３００年以上も前にすでにはじめられていました。

海水魚がはじめて養殖されたのは、いまから90年以上前の１９２７年のことです。場所は四国《しこく》の香川《かがわ》県で、播磨灘《はりまなだ》に面して水門が設けられた※かん水池でハマチ

※淡水に塩水が混じった池のこと

が養殖《ようしょく》されました。その後、いろいろな方法が試みられ、現在のような海面養殖にいたりました。いまでは国内で生産されるハマチの56・5%が養殖です。ちなみに、ハマチは、ブリ、カンパチなどとともにブリ類の魚です。年間を通じて水温の高い地方（宮崎《みやざき》県や鹿児島《かごしま》県など）ではブリ類を、水温が低い地域（香川《かがわ》県など）ではハマチを専門に養殖しています。

現在では養殖される海水魚もタイ類、アジ類、クルマエビなど20種類を越《こ》えるまでに増えました。また、03年には、これまで不可能とされたマグロが和歌山《わかやま》県で養殖に成功しています。

●海面養殖漁業が行われる地域　現在、海面養殖漁業が行われている地域と、おもな養殖魚は次の通りです。

北海道《ほっかいどう》地方＝ホタテ・コンブ／東北《とうほく》地方＝ホタテ（青森《あおもり》県）、カキ・ワカメ・コンブ（岩手《いわて》県）、ギンザケ・カキ・ホタテ・ノリ・ワカメ・ホヤ（宮城《みやぎ》県）／関東《かんとう》地方＝ノリ（千葉《ちば》県）／東海《とうかい》地方＝マアジ（静岡《しずおか》県）、ノリ（愛知《あいち》県）、ノリ・マダイ・真珠《しんじゅ》（三重《みえ》県）／近畿《きんき》地方＝ノリ（兵庫《ひょうご》県）／四国《しこく》・山陽《さんよう》地方＝ハマチ・マダイ・真珠（愛媛《えひめ》県）、ハマチ・ノリ（香川県）、ワカメ（徳島《とくしま》県）、タイ類・ブリ類・シマアジ（高知《こうち》県）、カキ（広島《ひろしま》県）、カキ（岡山《おかやま》県）／九州《きゅうしゅう》＝フグ・ブリ・タイ類・真珠（長崎《ながさき》県）、ブリ類・シマアジ・ヒラメ（大分《おおいた》県）、フグ・クルマエビ・タイ類・ノリ（熊本《くまもと》県）ブリ類・クルマエビ（鹿児島県）／沖縄《おきなわ》地方＝クルマエビ・モズク

●養殖魚の生産　海水魚の場合、まず数十万匹《びき》の稚魚《ちぎょ》を専用の水槽《すいそう》で育成するところからはじまります。稚魚は種苗《しゅびょう》と呼《よ》ばれています。近海の流れ藻《も》に産みつけられたものを採取するところからモジャコと呼ばれるブリの稚魚などの天然ものと、マダイ、トラフグ、ヒラメなどの稚魚のように人工的に生産される種苗があります。水産試験場や全国の栽培《さいばい》漁業センター、水産系大学の研究室などの協力で生産された人工の種苗の多くは、養殖漁業者によって買い取られます。

また、養殖される種類の増加にともない、クルマエ

ビなど一部の種苗が外国から輸入されていますが、疾《しっ》病《ぺい》の問題や遺伝子の違いなどから生態系への影響《えいきょう》が心配されています。

種苗の育成は、餌《えさ》の食べ方や水質・水温などの環境《かんきょう》状態を見守りながら行います。

香川県では、冬の気温は7度以下になります。ハマチは寒さに弱いので、30〜50センチメートルに育った2年魚を愛媛県や長崎県、大分県などに移動して越冬《えっとう》させます。4月になると、他県で越冬を終えたハマチが船で運ばれ香川県の生けすに戻ってきます。すべてのハマチの搬入《はんにゅう》には、およそ20日を要します。

●生けす　養殖漁業で、魚介類を生きたまま育成管理する装置のことです。海面養殖では、沖合《おきあい》にイカダを組んで箱状の網《あみ》で囲む小割網式《こわりあみしき》という方法が主流となっています。通常は陸上から漁船で数10分ほどかかる海上に設けられて給餌《きゅうじ》と管理が行われます。

小割網の形は四角、丸、六角形、八角形があり、網を固定するため海面に組まれるイカダは、竹製、鉄製、アルミ製のものが使われます。

生けすの大きさは、四角形は縦5メートル、横12メートル、丸形は直径10〜15メートルが標準です。香川県では、瀬戸内海に縦20メートル、横30メートル、深さ25メートルという大きな生けすを設けています。

生けすの中で育てられる魚の数は、収容尾数《しゅうようびすう》といわれます。一般的に、1立方メートルあたりの収容尾数は、ブリ類は6〜10匹、マダイは11〜20匹、クルマエビは15〜20匹、ヒラメは150匹です。

●給餌と出荷　生けすでは、2日に1回程度、給餌船で生けすまで出かけて餌やりを行いながら、魚たちのようすをチェックしていきます。魚の種類によっては、生けすに設けられた自動給餌機を使用することもあります。餌には、生きた魚の切り身を用いる生餌《なまえ》、半生の固形タイプのモイストペレット、乾燥《かんそう》した固形タイプのドライペレットがあります。餌は、魚の種類によって違いますが、いずれも環境汚染にならないように配慮《はいりょ》されています。

養殖《ようしょく》漁業について何も知らなかったなぁ
これから勉強すればいいさ
私も学校で学んで知識を得たのさ

へぇっどんな学校で学習できるのかなぁ？
全国には専門に学ぶことができる水産高校と…
水産高校

水産学部や農学部で学ぶことができる大学があるよ
水産系大学

養殖漁業について学ぶ

今、全国の養殖漁業の現場では、次代をになう若い力が求められています。そんな要望に応《こた》えようと、全国の水産高校や水産系の大学には、魚介類や海藻《かいそう》などの生産と資源保護・管理について学ぶ水産学のコースが設けられています。大学を目指す場合、一般的に水産学部漁業科、水産学部水産資源科などの名称《めいしょう》でよばれている学部を選択《せんたく》すればよいのです。

水産学には、水産資源の管理などを行う水産資源学、水産環境《かんきょう》の調査を行い整備するための水産環境学、水産生物の増殖《ぞうしょく》、種の育成などを研究する水産増養殖学、水産生物の利用を考え研究する水産製造学などがあります。学習は、現場での実習を積極的に取り入れた実《じっ》践的《せんてき》な学習が行われます。

【水産高校】

岩手県立宮古水産高校・海洋技術科／宮城県水産高校・海洋総合科／新潟県立海洋高校・水産科／千葉県立銚子商業高校・海洋科／富山県立滑川高校・海洋科／富山県立氷見高校・海洋科学科／福井県立若狭高校・海洋科学科／静岡県立焼津水産高校・栽培漁業科／愛知県立三谷水産高校・海洋科学科、海洋資源科／三重県立水産高校・水産資源科／京都府立海洋高校・水産科／兵庫県立香住高校・海洋科学科／島根県立隠岐水産高校・海洋生産科／山口県立大津緑洋高校・海洋科学科／徳島科学技術高校・海洋技術類／香川県立多度津高校・海洋生産科／愛媛県立宇和島水産高校・水産増殖科／福岡県立水産高校・アクアライフ科／長崎県立長崎鶴洋高校・水産科／大分県立海洋科学高校・海洋科／宮崎県立宮崎海洋高校・海洋科学科／鹿児島県立鹿児島水産高校・栽培工学コース／沖

縄県立沖縄水産高校・総合学科海洋生物系列

　ここでは、愛知《あいち》県立三谷《みたに》水産高等学校を例にとって見てみましょう。

●水産教育のねらい　漁業、養殖《ようしょく》漁業、食品製造業など水産業の後継者《こうけいしゃ》づくりを目指します。

●水産にかかわる学科（募集《ぼしゅう》人員）　海洋科学科・海洋漁業コース、海洋工学コース／情報通信科／海洋資源科・栽培《さいばい》漁業コース、海洋環境《かんきょう》コース／水産食品科

　海洋科学科、情報通信科には専攻科《せんこうか》・海洋技術科（航海コース、機関コース、情報通信コース／修業二年）が設けられています。

　この中で、海洋資源科の「栽培漁業（栽培漁業については85ページ参照）コース」では、バイオテクノロジーを取り入れ、水産生物の種苗《しゅびょう》生産や魚類、海藻《かいそう》などの養殖に関する知識・技術を学びます。

●学習内容　普通教科（国語、地理、歴史、公民、数学、理科、保健体育、芸術、外国語、家庭）と専門科目（水産基礎《きそ》、課題研究、水産情報技術、総合実習、操船《そうせん》、船用機関、電気通信理論、海洋環境、水産流通ほか）があります。また、海洋資源科では、第1級・第2級小型船舶操縦士《せんぱくそうじゅうし》、危険物取扱者（乙《おつ》種、丙《へい》種）、潜水士《せんすいし》などの資格を在学中に取得可能です。

●進路　２０１８年の資料によると、約70%の学生が就職して、約30%が進学しています。就職先は水産関連企業《きぎょう》や一般企業がほとんどですが、水産業の後継者として活躍《かつやく》する例も見られます。海洋資源科で学んだあとの就職先は、養殖漁業の後継、漁業協同組合、養殖会社、水族館、観賞魚販売会社、マリンパーク、海運会社、官公庁です。

　進学先は、水産系の大学をはじめ、一般大学、短大、専門学校などです。同校に残り、専攻科に進む場合もあります。

［水産系大学］

〈国立〉北海道大学（水産学部）／岩手大学（農学部・食糧生産環境学科）／東北大学（農学部・海洋生物科学コー

ス）／新潟大学（理学部）／東京大学（農学部・水圏生物科学専攻）／東京海洋大学（海洋生命科学部）／三重大学（生物資源学部・生物圏生命化学科、海洋生物資源学科）／京都大学（農学部・資源生物科学科）／広島大学（生物生産学部・生物生産学科）／高知大学（農林海洋科学部・海洋資源科学科）／九州大学（農学部）／長崎大学（水産学部）／宮崎大学（農学部・海洋生物環境学科）／鹿児島大学（水産学部）／琉球大学（理学部・海洋自然科学科）

〈県立〉福井県立大学（海洋生物資源学部）

〈私立〉石巻専修大学（理工学部）／東京農業大学（生物産業学部・海洋水産学科）／東海大学（海洋学部）／北里大学（海洋生命科学部）／日本大学（生物資源科学部・海洋生物資源科学科）／福山大学（生命工学部・海洋生物科学科）／近畿大学（農学部・水産学科）

〈国立研究開発法人水産研究・教育機構〉水産大学校（水産流通経営学科、海洋生産管理学科、生物生産学科）

■栽培漁業とは

多くの魚介類のメスは、数十万、数百万の卵を産みますが、その多くは卵や稚魚《ちぎょ》のとき死んでしまいます。そこで、卵や稚魚の時期を水槽《すいそう》や生けすで育て、自然環境で自力で生きていけるまで成長したら海に放し、大きくなってから計画的に捕獲するのが、栽培漁業です。漁獲量《ぎょかくりょう》が減った魚介類や価格の高い種類が優先されます。１９５０年代中ごろに瀬戸内海《せとないかい》に設けられた栽培漁業センターで取り組みが始まりました。現在、全国74か所の（栽培）漁業センターでマダイ、ヒラメなど90種類が育てられています。

一方、養殖業は、卵や稚魚を水槽や生けすで大きくなるまで育てて、そのまま育てた人が市場に売ることをいいます。

水産学を専門に学ばなくても
義務教育を修了《しゅうりょう》すれば誰《だれ》でも養殖業《ようしょくぎょう》につくことはできるよ
ぼく体力には自信があるよ
しかし海面養殖では沖合《おきあ》いの生けすまでひとりで漁船を操縦していかなければならない
あっ それなら小型船舶《せんぱく》の資格を取得するのに有利な水産高校があったもんね
そうだったね

海面養殖業を目指して

養殖漁業には、義務教育を修了した15歳以上ならだれでも就職することができます。ただし、20歳以下の場合は、両親の許可が必要となります。水産高校や水産学部のある大学を卒業すれば、就職のあっせんもありますし、養殖漁業を行っている地元の漁業協同組合などに問い合わせて直接相談することもできます。さらに、全国には漁業に就業する人のための案内所がありますから、ここで相談するのもよいでしょう。

海面養殖では生けすまで漁船で移動するため、最低でも5トン未満の小型船を操船できる四級小型船舶操縦士を取得していると有利です。

養殖漁業は多くの場合、家族単位で営《いとな》まれています。このようなところでは、アルバイトやパート程度しか受け入れる体制ができていません。そこで、会社経営の規模を持つところを探すのが適切です。また、地域や養殖の種類によっても条件はさまざまですから、地元の関係資料を確認することが大切です。

勤務時間は、朝から夕方まで8～10時間が通常ですが、生きた魚を相手にするため、不測の事態が起こることは避《さ》けられません。とくに、台風の時期などには不眠不休《ふみんふきゅう》で生けすを守るなど、勤務時間は不規則になることもあります。自分で養殖業を営むことも考えて、まず会社に就職して技術を学び、同時に経営のノウハウを身につけるのが最適です。地区の漁業協同組合で組合員になり、区画漁業権を取得すれば、独立して経営することもできます。

さらに、正組合員になるためには定住して年間90～120日の漁業経験が必要ですが、技術革新が進む養殖業において、豊かな発想を持つ新しい力が必要とされていることは確かです。

養殖《ようしょく》漁業者になるための進路

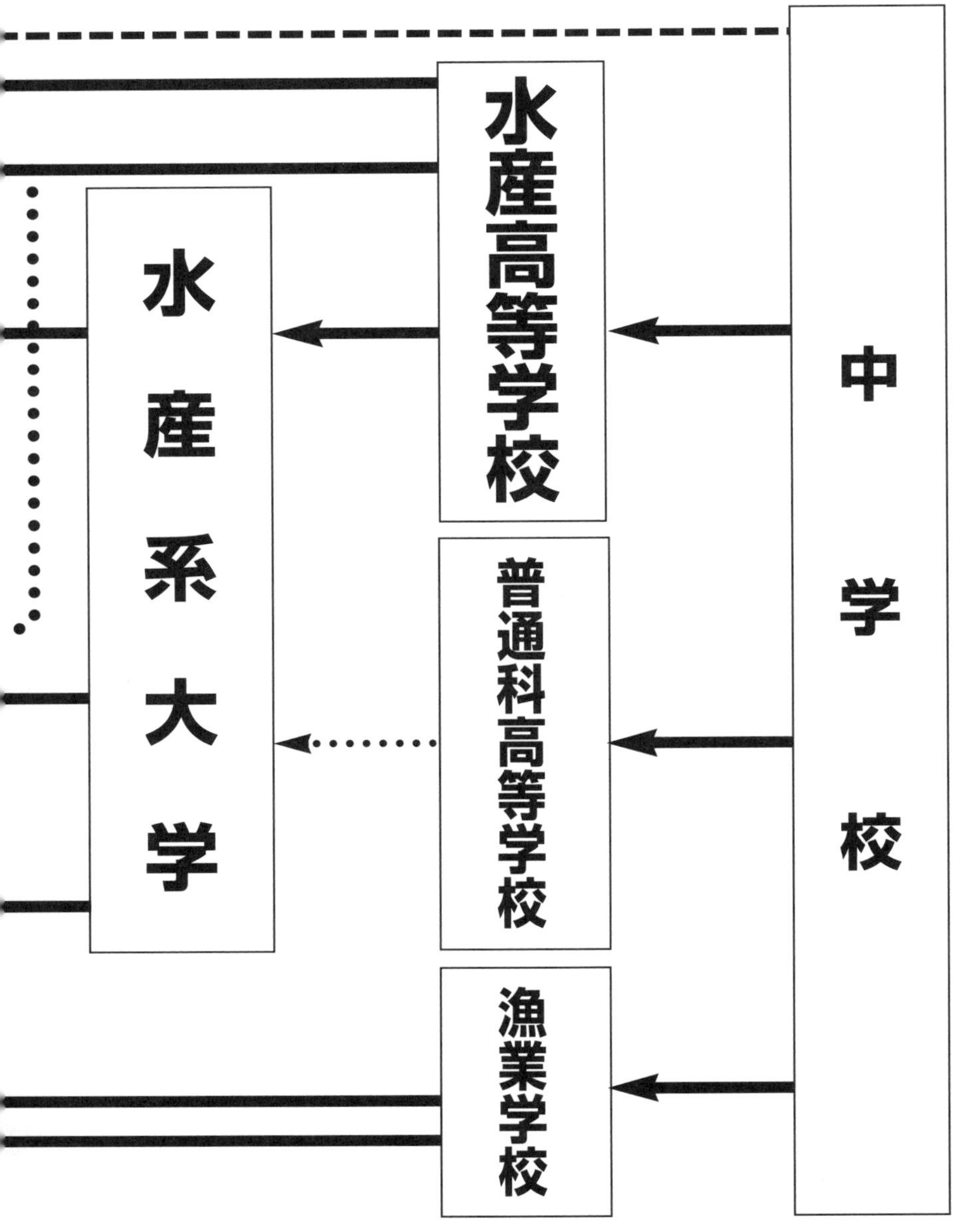

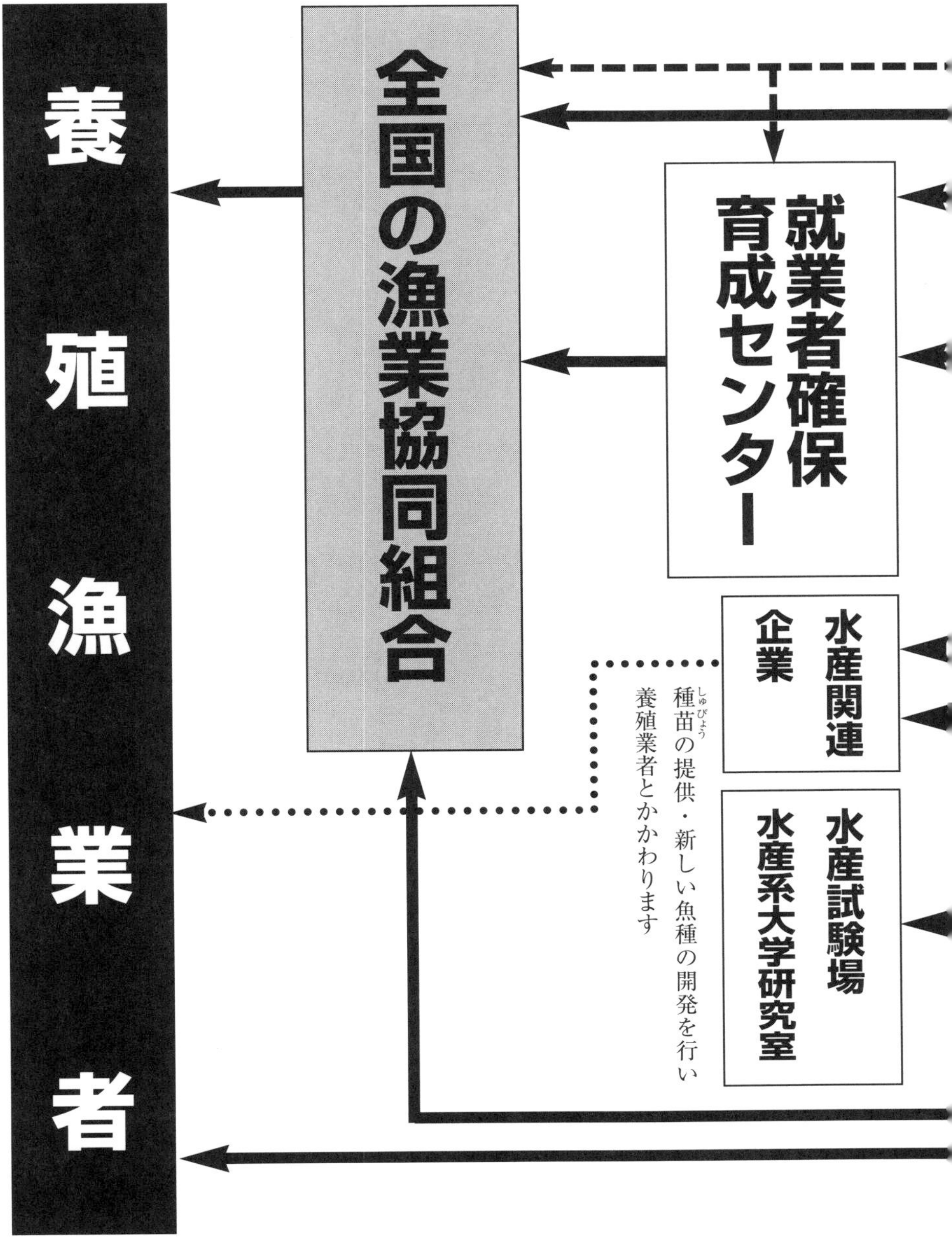
養殖漁業者
全国の漁業協同組合
就業者確保育成センター
水産関連企業
水産試験場
水産系大学研究室
種苗《しゅびょう》の提供・新しい魚種の開発を行い養殖業者とかかわります

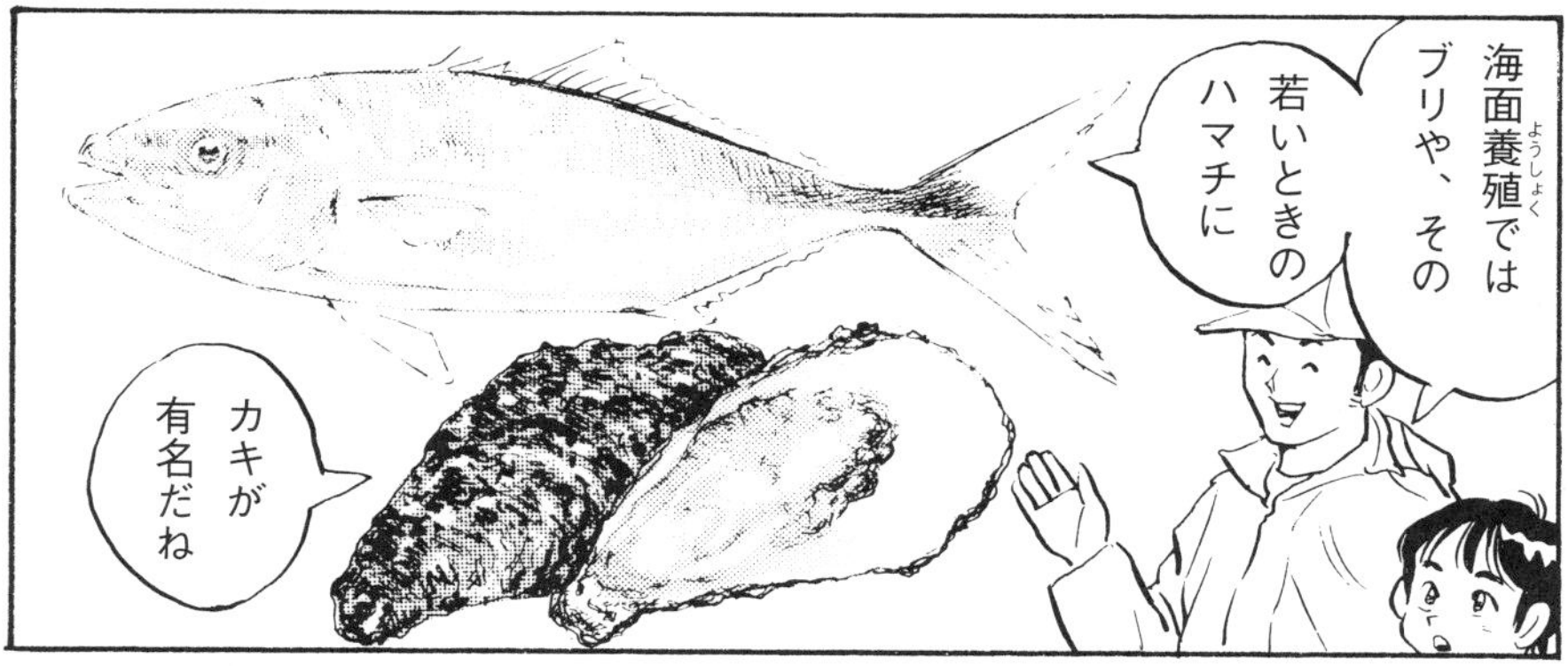
海面養殖《ようしょく》では ブリや、その
若いときの ハマチに
カキが 有名だね

右は香川《かがわ》県の ハマチ養殖のようす 左は岡山《おかやま》県の カキ養殖のようすだ
いずれも 大規模に 行われて いるんだね

海面養殖の現場で活躍《かつやく》する

ここでは、香川県のハマチ養殖と岡山県のカキ養殖を例に、一年の仕事の流れを見てみましょう。

■ハマチ（香川県庵治《あじ》漁業協同組合の場合）

4月になると越冬《えっとう》を終えた2年魚ハマチは、船で運ばれ地元の生けすに戻ってきます。すべてのハマチが搬入《はんにゅう》されるのにおよそ20日を要し、5月を迎えると給餌《きゅうじ》作業がはじまります。毎朝6時30分には船で生けすへ出かけて2時間ほど餌《えさ》を与えます。

しかし、生けすに運ぶときには餌止めといって20日あまり餌を与えないため、魚にはたいへんなストレスがたまっています。そこで、餌は一気に与えず毎日少しずつ量を増やしていきます。給餌作業は、魚が病気になったり、赤潮や台風の自然災害が生じないかぎり、出荷されるまで続けられます。

餌《えさ》やりを終えるとほぼ全員が漁船漁業に従事します。養殖《ようしょく》漁業と漁船漁業を一緒に行うのは、全国でもたいへんめずらしく庵治《あじ》漁協の特色です。漁船漁業の漁期は2月から6月なので、4〜6月には二つの漁業が重なり、地元はたいへん忙しくなります。

9月になると60センチメートルに成長したハマチを水槽《すいそう》に入れて活魚出荷（生きたままの状態で出荷すること）します。出荷先は、おもに京阪神《けいはんしん》地域と関東《かんとう》地方です。神奈川《かながわ》県の久里浜《くりはま》や三浦三崎《みうらみさき》へは30時間以上もかけて船で運びますが、年末年始の需要《じゅよう》が多くなる時期には、あらかじめしめ（殺し）て発泡《はっぽう》スチロールの箱に詰《つ》め氷を入れた、箱ハマチをトラックで運びます。

■カキ（岡山《おかやま》県・日生《ひなせ》町漁業協同組合の場合）

7月から8月にかけて行います。作業では、海水中に浮遊《ふゆう》しているミリ単位の大きさのカキの種苗《しゅびょう》（稚《ち》ガキ）を採苗器に付着させます。採苗器は、ホタテの貝《かい》殻《がら》を連ねたものでホタテ盤といわれます。

夏から翌年の春まで、採苗した稚ガキを抑制《よくせい》棚にたれ下げて、毎日日干しをします。その目的は、海中の微生物《びせいぶつ》の稚ガキへの付着防止です。干出《ひだし》により殺菌《さっきん》、病気を予防してカキを健康な貝に育てます。

4月には、抑制していた採苗器を海中にたれ下げます。ところで、カキの成熟を早めると産卵が早くなります。産卵が夏場に行われると、水温が高いため産卵で弱ったカキは死んでしまう率が高くなってしまいます。そこで抑制棚によりカキの成熟が抑制されるのです。もし、カキが早く大きくなり過ぎるとホタテ盤に付着しているカキのつけ根が弱く、大きいものから落ちてしまいます。

台風の季節が過ぎて水温が下がったころ、沖合《おきあ》いの漁場に設けたイカダに移してカキの身を太らせます。カキは、殻《から》の中で身が成長すると、それにつれて殻が大きくなります。これを繰《く》り返して、カキは成長していきます。身が太ったカキはおいしくて商品としても人気があります。そこで、身を大きく見せるために3年カキを養殖している地域もあります。3年カキとは、

カキの採苗器は、ホタテ盤といわれます。写真のように、ホタテの貝殻を連ねたものです。

生まれてから3年経過したカキのことです。

10月、生育したカキを沖合いのイカダから船に引き上げ、港のカキむき工場へ運びます。工場では、すべてのカキを浄化《じょうか》処理します。

滅菌《めっきん》処理の終わったカキは、ひとつひとつ手作業でカラむきされます。作業は、数百人のスタッフによって早朝から夕方までごろまで行われます。

むいたカキはすぐに商品化して主な出荷先の東海《とうかい》地区をはじめ、年明けには東京《とうきょう》の築地《つきじ》(現《げん》・豊洲《とよす》)市場へも出荷しています。日に4回、工場からむき身を集めて回り、漁協と協同して出荷します。その日にむいたカキは、翌日にはお店に並べられ家庭の食卓に届きます。

海面養殖《ようしょく》では
ふだんの管理が
欠かせません
えっ!?
まず
台風の対策
がある
毎年やって
くるもんね
しかし
台風以上に
深刻な問題が
あるんだよ
ひょっとして
赤潮ですか
そう
赤潮が発生すると
せっかく育てた
魚介類が大量に
死んでしまう
んだ

■赤潮の被害

１９６６年、日本水産資源保護協会による研究会で、赤潮とは「海水中で微小《びしょう》な生物（おもに植物プランクトン）が異常に繁殖《はんしょく》して、そのために海水の色が変わる現象を総称する」と定義づけられました。大量発生したプランクトンは、死ぬと海底に堆積《たいせき》し、海底の酸素を消費します。そのため、一帯の海が無酸素状態になり、もともといる魚介類が大量に死ぬという被害《ひがい》をもたらします。東京湾《とうきょうわん》や瀬戸内海では、赤潮の被害が深刻な問題になっています。とくに瀬戸内海《せとないかい》では、戦前から赤潮が起きていましたが、１９７０年代には年間３００件以上にも達したのです。その後、海の環境《かんきょう》保全の努力がなされて、現在ではピーク時の３分の１程度に発生件数も減少しています。

養殖漁業で注意すること

養殖漁業の現場で活躍《かつやく》するには、次のような点に気を配らなければなりません。

■漁網《ぎょもう》の清掃《せいそう》　海中に沈《しず》めて利用する漁網は、漁場によって違いはあるものの付着物も多く、清潔《せいけつ》に保たなければなりません。漁網が金網《かなあみ》の場合は、潜水《せんすい》してジェット水流などの道具を使い、定期的に清掃を行います。化繊《かせん》の場合は、網をクレーンで陸上に引き上げ、洗浄器《せんじょうき》などで付着したよごれを定期的に清掃します。

■自然災害への対策　養殖漁業がおもに行われる四《し》国《こく》、九州《きゅうしゅう》、瀬戸内海地方は、毎年かならずのように台風が通過します。台風が来たとき、多くの場合、生けすはそのまま海に設けておくしかないため被害は避《さ》けられません。中には波の荒《あら》い海に漁船を出して海に潜《もぐ》り、生けすを岸まで運ぶ業者もいます。また、イカダからつるした浮きの空気を調節、海中に沈めて台風から避難《ひなん》させることができる生けすも登場しています。

台風以上に深刻な問題である赤潮については、94ページの通りです。そこで、瀬戸内海の周辺地域では、赤潮の予防のために、海洋環境《かんきょう》の保全を目的として窒《ちっ》素《そ》やリンをたくさん含んだ合成洗剤《せんざい》の使用をやめる動きが出ています。なお、赤潮がおさまれば、同じ場所で養殖を再開できます。

■病気対策　生けすの中に許容量以上に魚たちを収容すれば、酸欠や病気が発生します。その対策として、水産用ワクチンや水産用医薬品の投与《とうよ》が行われます。

しかし、もっとも適切な病気対策は、生けす内の収容数を許容範囲《はんい》におさめることです。

養殖《ようしょく》しているのはすべて生鮮食品だ
それを市場に出荷するためには品質管理が欠かせない
さらにこれからの養殖漁業に求められているのは新しい種類の魚介類の養殖だよ
最近ではマグロの養殖が成功したんだよね
養殖漁業がもっとさかんになればたくさん魚介類をいつも安心して食べることができるものね
世界でも注目されているからね

養殖漁業での新しい動き

おいしい魚を食卓《しょくたく》に送る養殖業の現場では、品質管理が大いに問われます。生鮮食品の品質管理と衛生管理に対する消費者の関心が高まるなか、生産者の間では、種苗《しゅびょう》導入から養殖、そして出荷までの全工程において細かな観察と測定などの検査が導入され、その結果が記録されるハサップという管理方法に注目が集まっています。ハサップ（ＨＡＣＣＰ）とは、もともとアメリカのＮＡＳＡ《ナサ》で宇宙食の品質・衛生管理のために行われるようになった工程管理方法です。

　ハサップ方式は国際標準なので、国内はもちろん外国に対しても養殖された魚介類の信頼性《しんらいせい》をアピールすることができます。平成30年公布の食品衛生法等の一部を改正する法律では、原則として全ての食品事業者がハサップに沿った衛生管理に取り組むよう定められています。

　養殖漁業は、つねに技術革新によって今日のように発展してきました。そこには種苗の育成技術向上を図《はか》るという、研究組織によるたゆまぬ努力があったことを見逃《みのが》すことはできません。たとえば、近畿《きんき》大学水産研究所が二〇〇二年に成功したクロマグロの種苗生産は、これまで困難とされてきたクロマグロの完全養殖を実現しました。このように、今後は、各地の養殖漁業関係者と地元の研究組織が結びついて、新しい種類の魚がますます養殖されることになるでしょう。その結果、日本の水産業界は、より豊かな生鮮食品を安定して食卓に提供することができます。

　さらに、日本のみならず世界の水産資源を安定させて、食料危機にも対応するという期待をになっているのが、ほかならぬ養殖漁業なのです。

養殖漁業者

適《てき》性《せい》診《しん》断《だん》

運動神経がよいこと

海面養殖《ようしょく》では、海上に設けられたイカダの上で機敏《きびん》に動きながら作業します。足もとは、丸太などで組まれている場合もあり、敏しょうな運動神経が求められます。

海や船が好きである

漁業の舞台は、海です。もちろん、養殖漁業でも沖合《おきあい》のイカダまで船を操縦し海に出て作業します。また、養殖にとって海の汚染は大敵です。海の環境《かんきょう》を守ろうという気持ちも欠かせません。

きめこまかい心配りができる

養殖漁業は、自然環境の中で育てる仕事です。そのため、餌やりや環境の整備などが欠かせません。行き届いた管理が必要ですが、そのためにはせん細な心配りが求められます。

もっと、くわしく知りたいときに

■養殖漁業について知りたいときは

全国漁業協同組合連合会のHPにある「こどものページ」

URL　http://www.zengyoren.or.jp/child/index.html

生き物を育成する仕事

馬の牧場スタッフ

より早く、より強い競走馬サラブレッドを
生産、育成するために牧場で活躍《かつやく》するチームの一員

people

大自然に囲まれながら、愛馬《あいば》の誕生《たんじょう》に立ち合い、手塩にかけて育てる仕事です。

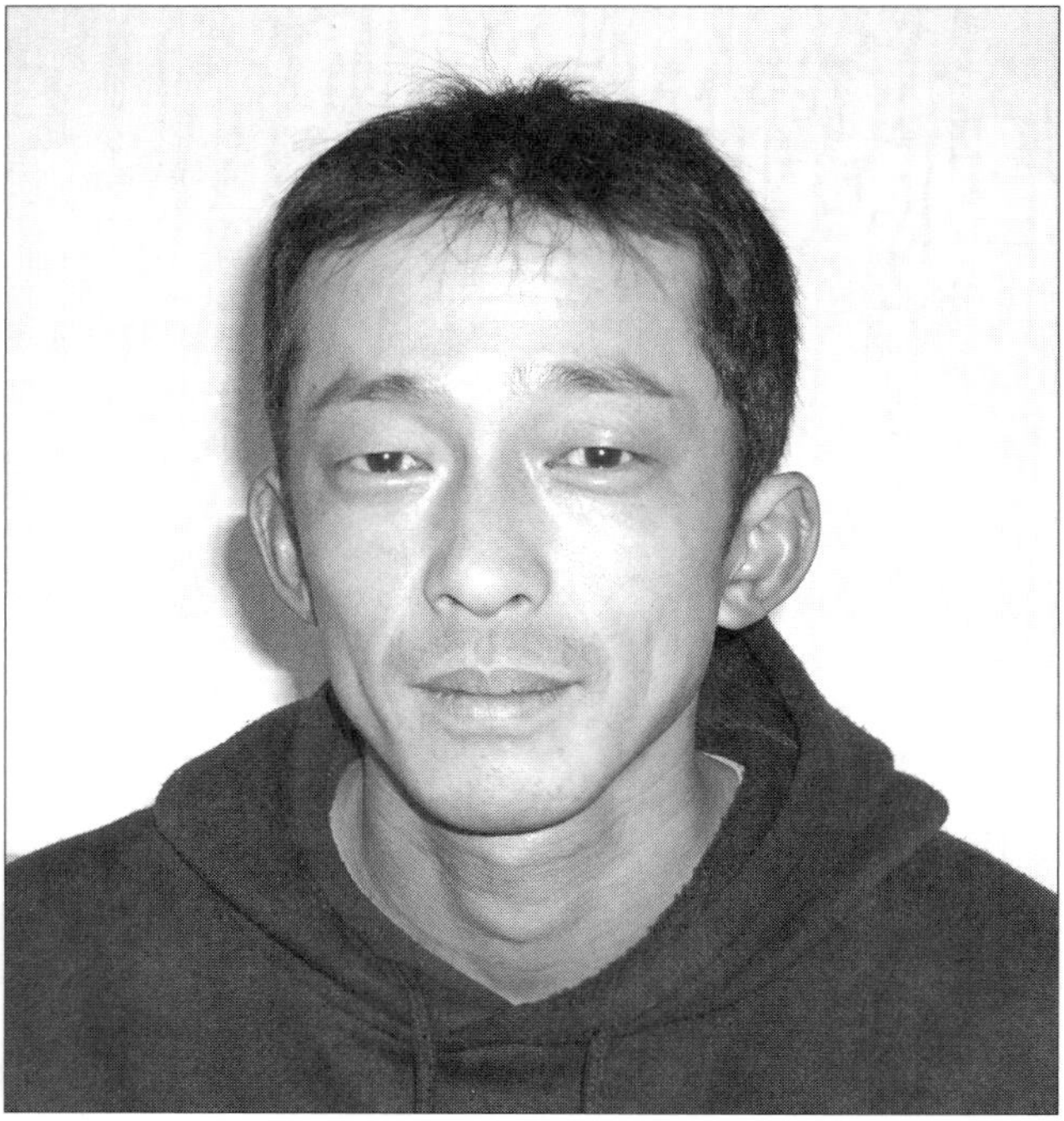

北海道浦河
谷口牧場オーナー

谷口《たにぐち》　幸樹《こうき》さん

馬とスキンシップしながら、おたがいを理解していきます。

私たちの牧場では、競馬で活躍《かつやく》する競走馬を中心に生産、育成を行っており、一般に生産育成牧場とよばれています。生産というのは、繁殖《はんしょく》用の牝馬《ひんば》（メス）に牡馬《ぼば》（オス）を配合（種付け）して仔馬《こうま》を作ることで、繁殖とも言います。生まれた仔馬は、1歳になると母馬から離されて別な場所で育てられます。こうして、競馬の世界に送り出されるまで、上手な走り方や人の指示にしたがって行動するようなしつけを教育（調教という）され、競走馬としての資質を身につけていきます。このことを育成と言います。牧場の中には、繁殖を専門にする生産牧場と育成を専門に行う育成牧場があります。私達のところでは、この2つをひとつの牧場でやっているわけです。

種付けのときに、一番重要となるのは馬の血統ですが、良い牡馬を見つけるのはたいへんむずかしいことです。ただ血統の良いだけの馬とほんとうに走る馬は違うと言われているくらいです。結果的に良い馬を見つけるのは、やっぱり経験でしょうね。良い馬の選択《せんたく》眼《がん》は、どれだけ馬を見て歩くかという実体験で培《つちか》われるものです。センスも大きいと思いますが、どんなに判断力がすぐれている人でも失敗はあります。

現在開かれている馬のセリ市では、安くて20万円から、高いと数億円もの値がつきます。４００万円くらいが平均ですね。でも、高いお金をはらって、競馬でまったく走らなかったという例はこれまでにもたくさんあります。それでもみんな、走る可能性を信じてできるだけ血統の良い馬を、より高価でも探し求めているんです。自分の選んだ馬が、絶対に速く走るとは誰《だれ》にも言えないわけです、走らせてみないと分からない。ですから、私たちはできるだけ走る確率の高い馬を生産するしかないんです。そのためには、まず健康に育てること。そして、その第一歩はスキンシップをとることからはじまります。生産でスキンシップぐらい重要なことはないんじゃないのかと思います。

育成することが、理想の繁殖《はんしょく》にもつながることになります。

馬には、できるだけ生まれた直後から体の隅々《すみずみ》、足の裏まで触《さわ》ってあげるようにするんです。そうすると、馬は人間に恐怖心《きょうふしん》をいだかなくなります。こうして、馬と人間の信頼《しんらい》関係が芽生《めば》えるんです。

馬は、生産された場所から、やがて育成される場所に移動されます。でも、このときにはもう、人に恐怖心を持たない、かつ、人をバカにせず、人のやることに違和感《いわかん》を覚えたり、怖《こわ》がったりしないようになっていなければいけないんです。馬は、1年半ぐらい毎日触っていると人が乗っても驚《おどろ》かなくなります。きちんと人間と馬がコミュニケーションをとっていることが大事なんです。そうすれば、競馬に出走しても騎乗者《きじょうしゃ》の言うことをすなおに聞くという、最低のマナーを守ることにつながるんです。

たとえば万一、治療《ちりょう》するときも、ふだんから触られている馬は少々では暴れたりしません。人間のすることを信用しているわけです。ある程度成長すると馬の体重は、４００～５００キログラムになります。そうなると、どんな力の強い人間ががんばっても1頭の馬にはかなわない。危険な動物でもあるわけです。そういう馬という動物をできるだけ人間にとって危険にならないように育てることが大切なんです。むかしは、どこの牧場でも、餌《えさ》だけあげて、昼間は牧場に放《はな》して、夕方になると馬房《ばぼう》に戻しておしまいで、スキンシップなどしませんでした。ほとんど野生馬の状態で飼育していたんです。最近そういう飼い方は減ってきています。いま、牧場を経営している若い世代にとっては、馬に触ることが大事ということが分かってますからね。

父が牧場をはじめたのは昭和46年ごろでした、そのときになぜ、生産と育成をひとつの牧場で一緒にするようになったかというと、育成をやることで、スタッフが馬に乗る技術を覚えることが、生産にもかなり役に立つと考えたからです。それに、繁殖から育成までを手がけることで同じ1頭の馬と長い時間を過ごしますから、馬のしつけもじっくりできて、乗りやすい馬作りにつながるのです。

さらに、若い人が育つというメリットもあります。馬に乗って調教を覚えることは、競馬の一歩手前まで行うので、競馬に出走するときの馬の状態に近づくことで、どのように馬を育成すればいいかということも学習できます。ただ繁殖するのではなく、競馬に出走するための準備を生産牧場ではしているのですから。

自分が生産育成した馬が、競馬で活躍《かつやく》するすがたに感動。

馬の生産と育成をしていて、楽しいことは自分が出産に立ち合った馬の成長を見ることです。もちろん、その後に競馬で活躍するすがたを見るのが一番の楽しみです。レースに出ているのを見ると、ああ丈夫《じょうぶ》に育ったんだなと思いますね。その年に生まれた馬の全体

調教用のコース

牧場のようす

馬が寝起きする厩舎

の2割ぐらいは、競馬に出走できないんですから。

とにかく、少しでも大きなレースに出走してくれれば、それまでの苦労なんか吹っ飛んでしまいます。そのためにこの仕事をやっているというか、もうすべてが報われたっていう感じがします。やはり、GI《ジーワン》（もっともレベルの高いクラス）レースで勝つことが大目標ですね。年間4〜5000頭の馬が生まれますが、※ダービーともなると、出走できるのはわずか18頭あまりです。その上、毎年1頭しか頂点に立てないんですから。そのレースに出るだけでもたいへんなのに、勝つことができれば苦労のしがいがあるというものです。もちろん、優秀《ゆうしゅう》な成績をおさめれば、生産した牧場の名前も売れますからね。あの牧場はすぐれた馬を生産していると評判になると、その牧場からいい血統の馬を買うことイコール一番速く走る馬と出会う確率を上げることになりますので。やはり、生産した馬が競馬で走って、評判になるというのが一番の宣伝ですよね。

※最高のグレード（Gレース）の中でも、3歳のときに一度しか出走できないレー

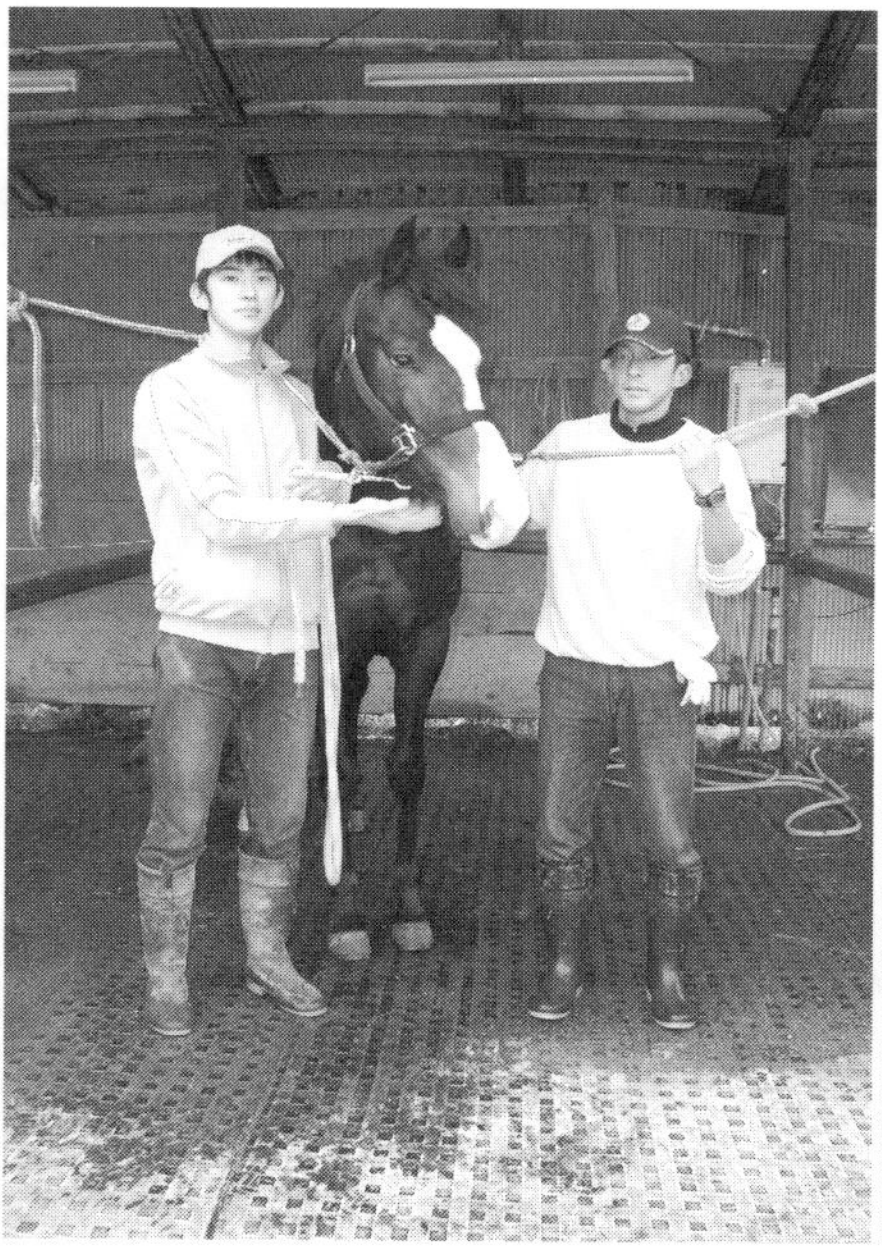

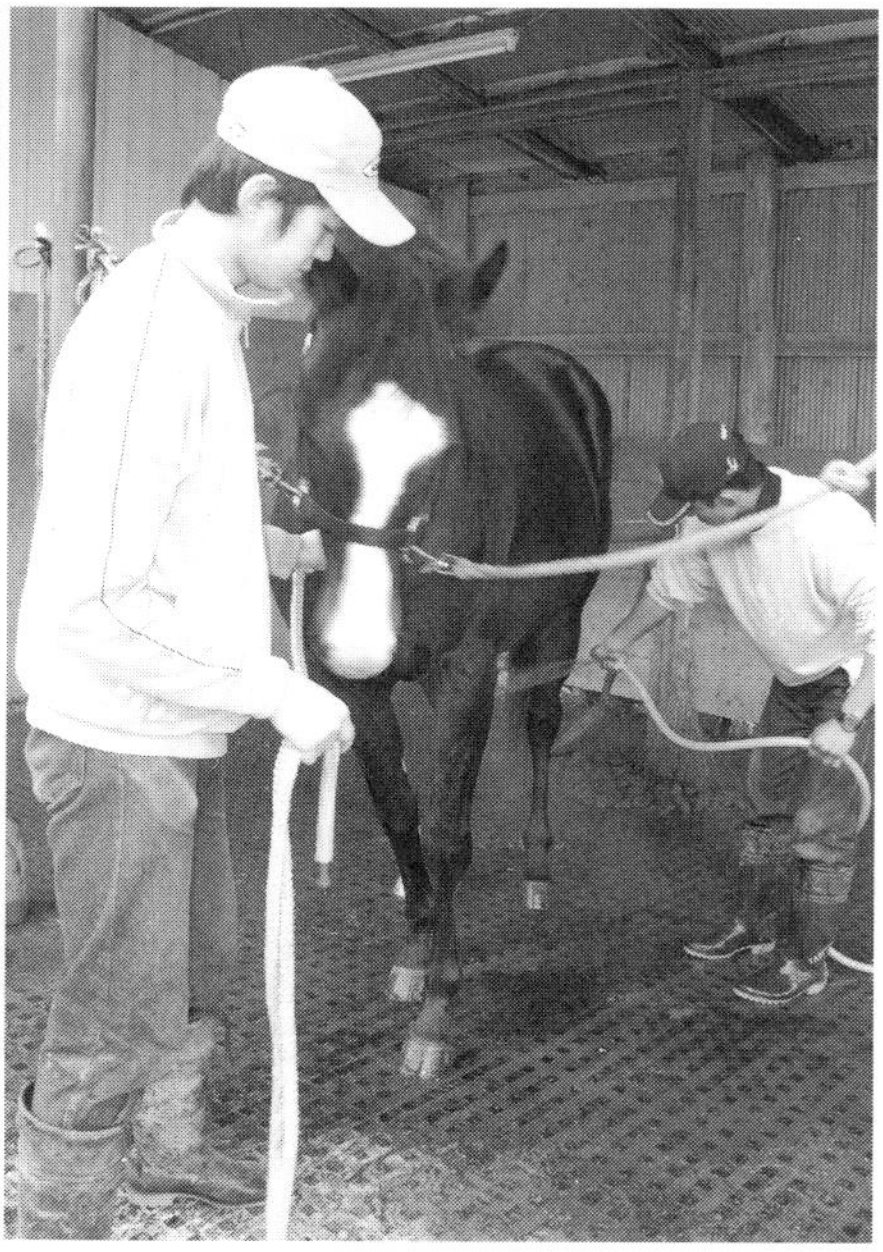

馬の生産育成は、じつに奥が深くて夢がある仕事です。

牧場での仕事は、馬を引いて歩くだけなら一週間で一人前になれます。でも、牧場のスタッフとして一人前になるには、出産に立ち合い、育成にかかわり、馬を競馬に送り出すまで、ひと通りの作業を体験しないと、仕事を理解できません。

さらに、本当に一人前になるには、二年、三年かかります。血統を学んで配合をどうしたらいいかなど、いろいろ考えなければなりません。それから、種付けをするにもタイミングとか馬のコンディションを作ることなど、かなりの経験を積まないと理解できないことが多いのです。

それには経験と、日ごろの勉強が必要です。自分の牧場だけのやり方だけでは成長できません。いろいろな人の話を聞いて多くの情報を入手し、あの牧場の馬はどうして、よく走るのだろうとか、血統はそんなに良くないのに、あれほど走るのはどういうことなのかとか、よく考える。つまりは育て方が上手ということですよね。そのほかにも牧草の質とか、牧場の広さも影響します。

もちろん、牧場の仕事には辛《つら》いことも多いです。外で働く仕事で、生き物を扱いますから、ケガをしたり危険なことも多い上に、時間もすごく拘束《こうそく》されます。その代わり、自然に囲まれながら、馬のすばらしさを知ることができるという魅力《みりょく》があります。そして、馬と一緒に生活していると、われわれ人間の方が馬から教えられることも多いんですよ。

しかし、繁殖《はんしょく》のときから競馬で結果が出るまで3年くらいかかります。だからこそ、自分が手がけた馬が競馬で活躍《かつやく》してくれたとき、馬の生産育成に成功したときの感動は大きいんだと思います。

いずれにしても、馬は乗っているだけでもおもしろいですし、何年接していても馬を分かりきるということはありません。馬は、じつに奥が深い。まさに夢があるんですよね。

コミックガイド
うわぁ広い牧場だなぁ～
ん～と… 牛はどこにいるかな
ここに牛はいませんよ
ヌッ
わっ!!
う…馬の!?
だってここは馬の牧場だからね

馬の牧場ってどんなところ？

日本の農業の一分野である畜産《ちくさん》の中心は、食用のための牛や豚を生産育成する「と畜」と、乳牛を飼養して牛乳を生産し、その牛乳をもとにバターやチーズなどを加工する「酪農《らくのう》」です。しかし、畜産にはもうひとつ忘れてならない「馬産《ばさん》」という分野があります。北海道《ほっかいどう》の日高《ひだか》地方や浦河《うらかわ》などには、大きな牧場が集まっていますが、これらの牧場に牛のすがたはありません。牧場の広大な緑の芝《しば》に見ることができるのは、のんびりと過ごす馬の群れです。

現在、私たちは日常生活の中で馬のすがたを見ることはほとんどありません。日本でも、かつては交通手段や荷役《にえき》、農耕のために活躍《かつやく》する馬のすがたがありました。ところが、交通機関や農作業の現場で機械化が進むにつれて、馬の活躍の場はしだいにせばめられてしまいました。では、なぜいま、北海道の牧場で馬が飼養されているのでしょうか。

じつは、北海道の牧場では、競馬に出走して活躍する馬を飼養しているのです。競馬とは、18世紀にイギリスで発祥《はっしょう》したスポーツで、今でも世界の国々で行われ多くの人たちに親しまれています。

馬の牧場とは、このように競走馬の生産や育成を専門のスタッフが行う施設《しせつ》です。競走馬の最大の目標はレースに勝つことですが、それは、馬がより速く走れる潜在能力を持っていることを意味しています。牧場のスタッフにとって、すぐれた競走能力を持つ馬を生産し育成することは永遠のテーマです。

しかし、その目的を達成するためには人の力だけでは解決できない、競走能力の遺伝（血統）という、とても神秘的な世界が存在します。それは同時に競走馬にかかわる仕事の魅力《みりょく》でもあるのです。

競走馬は
馬の中でも
軽種馬《けいしゅば》という
種類に
分けられる
それも
サラブレッドという
すぐれた血統を
持った馬なんだ
■サラブレッドとは…
サラブレッドとは、徹底《てってい》的に（THOROUGH）品種改良された（BRED）という意味です。馬の場合、競走馬としてより速く強い馬を生産するために品種改良されたものをサラブレッド種といいます。
ほら これが
サラブレッドで
あることを証明
する血統書だ
血統書
血統ねぇ…!?
サラブレッドを
語る上で血統は
欠かせないことだよ

受けつがれていくすぐれた血統

現在、わが国の競馬に出走している競走馬は、一部を除《のぞ》いて、ほとんどがサラブレッドという種類です。このサラブレッド誕生《たんじょう》の経緯《けいい》に触れれば、馬の生産、育成にかかわる専門スタッフが魅力《みりょく》を感じる神秘性とその役割が見えてくるに違いありません。

世界ではじめて行われた競馬は、古代ギリシャ時代にまでさかのぼります。当時活躍《かつやく》した詩人のホメーロスが紀元前800年ごろに著《あらわ》した叙事詩《じょじし》「イーリアス」にも、戦車による競馬の記述があります。戦車といっても、人間がひとり乗って操作する戦闘用《せんとうよう》の馬車のことです。実《じつ》は、この戦車競馬は紀元前680年に行われた古代オリンピックで正式種目に取り上げられているのです。

近代競馬が誕生したのは、14世紀のイギリスです。当時の王侯《おうこう》貴族たちが、おたがいに自分の所有している馬の自慢《じまん》をしたことから、その優劣《ゆうれつ》を競うレースをはじめたのがきっかけといわれています。その後、17世紀になると、競馬に勝つために、より速い馬を生産するという気運《きうん》が高まりました。そこで、東洋《とうよう》種の牡《ぼ》馬《ば》(オスの馬)を輸入して、在来の牝馬《ひんば》(メスの馬)と交配させることになりました。ここから、血統をもとにした馬の品種改良がさかんに行われるようになったのです。

競馬は、短距離《きょり》から長距離まで設定された距離別、さらに能力レベルによって分けられた階級(G=グレード で表される)で馬を走らせ、速度を競わせるものです。すぐれた速度を発揮《はっき》できる馬だけが優勝して、さらに高いレベル(グレード)に昇《のぼ》り、優勝記録として残されます。記録されたタイム・レコードが、その馬のすぐれた競走能力の高さを証明してくれます。そして、証明された能力の高さがそのまま新しい血統として受け継がれていくことになります。

血統は、その馬の先祖の代々の才能が受け継がれてきたものです。良い血統を次代に残すために、すぐれた競走実績を残した馬は引退したあとも、牡馬《ぼば》は種付け、牝馬《ひんば》は繁殖《はんしょく》のために活躍《かつやく》することになります。種付けとは牡馬と牝馬の配合のことで、それぞれ種牡馬と繁殖牝馬ともよばれています。

世界中で、これまで活躍してきたすべての馬は、その競走能力の特徴《とくちょう》が記録されています。そこで、代々の血統記録を知れば、これから配合に立ち合う種牡馬と繁殖牝馬の血統の特徴も分かるのです。

たとえば、短距離（１４００メートルまで）のレースで実績を持っている馬を先祖に持つ種牡馬と繁殖牝馬は、やはり短距離での実績を残していることが多いのです。そして、この二頭が配合されれば、その仔馬にも短距離での競走能力が受け継がれることは予測されます。

しかし、短距離、中距離（１６０0~２０００メートル以上）や長距離（２０００メートルまで）など、それぞれ違う距離実績の種牡馬と、繁殖牝馬が配合されると、どのような血統の馬が誕生するか、まだまだ分からないことが多いのです。

現在、生きているすべてのサラブレッドはその血統をたどれば、アラビア産のダーレー・アラビアン、トルコ産のバイアリー・ターク、シリア産のゴルドフィン・アラビアンという3種類を祖先としています。

血統のかけ合わせは、いまだに解明されないサラブレッドの神秘でもあります。そこで、馬主や生産者は血統について学び、独自に判断しながら交配をして、新しい「血統」を創造しているのです。

このように、牧場スタッフは、馬の血統を継承《けいしょう》していくためにも大きな役割をはたしているのです。

現在、日本で生産育成されている馬は、ほとんどの種類がサラブレッド種かアラブ系の馬です。以下は、そのなかまたちの特徴です。

■**アラブ**　原産地はアラビア半島で遊放民が2000年以上かけて品種改良したもの。世界各国で行われる品種改良にかかわる種として大いに用いられてきました。スタイルの良さと運動能力の高さ、持久力などに富んでいます。

■**サラブレッド**　原産地はイギリスのヨークシャー、ノーザンバーランドなどで、イギリスの在来馬にアラブなど東洋《とうよう》系の馬が交配されてできたもの。スピード能力が抜群《ばつぐん》で、もともと競走馬として品種改良されたものです。

■**アングロアラブ**　フランスの原産で、アラブ種とサラブレッド種の配合によって品種改良された準純血種で、どちらの性格もそなえているのが特徴です。わが国では、サラブレッドに次《つ》いで数が多く、競走馬のほか、馬術用としても重要な役割をはたしています。

■**アングロノルマン**　フランスのノルマンディ地方に原産するノルマン馬とサラブレッドが交配してできた品種です。わが国では、この血統の馬が軍用馬として輸入され、国産馬に大きな影響《えいきょう》を与えました。

■**ハンター**　原産地はイギリスで、おもに狩猟《しゅりょう》用に利用されてきました。飛越《ひえつ》能力が高く、障害馬として活躍しています。

■**スタンダードブレッド**　アメリカの原産で、競走馬として品種改良されたもので、かつて日本では、おもに北海道《ほっかいどう》の在来馬の体格作りに利用されました。

■**クオーターホース**　アメリカの開拓《かいたく》時代にスペイン産の馬とサラブレッドやアラブ種と交配して作られました。4分の1マイル（400メートル）をもっとも速く走るところから、この名がつけられました。

牧場には種牡馬と繁殖牝馬がいるんだ

サラブレッドの多くは、競馬（109ページ参照）の競走馬として活躍《かつやく》します。現役《げんえき》を引退すると、血統の良い馬は子孫を作るために牧場にもどります。オス馬は、種牡馬《しゅぼば》とよばれ、メス馬は繁殖牝馬《はんしょくひんば》とよばれます。

■馬のあゆみ

誕　生 ▶ 自分で立ち上がる ▶ はじめて母乳を吸う ▶

はじめて牧場に出される（放牧） ▶ 母馬とはなされる（仔別れ） ▶ 自立して放牧のときを過ごす ▶

血統を登録する ▶ はじめての調教（馬具の装着、人を乗せて走る） ▶ 競走馬登録（競馬の主催団体に） ▶

2歳デビュー（競馬への初出走、新馬戦） ▶ 競馬（獲得賞金によりクラスが分かれている。最高のクラスはＧⅠ）

▼

引退　牧場へ（メス馬は繁殖牝馬、オス馬は種牡馬）

※そのほか乗馬用など

これは牧場で生まれたサラブレッドのあゆみの一例だよ

馬を生産、育成する牧場

わが国では、明治《めいじ》時代から第二次世界大戦が終結する1945年まで、軍国主義という政策のもとで軍馬の生産育成に力を入れてきました。この時代、国は特定の地域を馬産地に指定して馬の生産を援助《えんじょ》したのです。

戦後しばらくは、各地の馬産地でも農耕のための使役馬《しえきば》を生産していましたが、作業現場での機械化が進むにつれて使役馬の数も減り、馬の生産は競走馬や馬術など乗馬用の馬の生産が中心となりました。

それとともに各地の馬産地は衰退《すいたい》し、現在では北《ほっ》海道《かいどう》、東北《とうほく》、千葉《ちば》、茨城《いばらき》、九州《きゅうしゅう》など数か所の地域にある約830の牧場で馬の生産、育成が行われています。このうち北海道の牧場は、日本で飼養されるサラブレッドの約98%をしめています。それも南部の日高《ひだか》地方に牧場が集中しています。その中で、牧場は役割によって大きく4つに分けられます。

まず、生産牧場がありますが、生産牧場は繁殖のための牝馬のみを飼養する牧場と、種付けの役割を持つ種牡馬が飼養される牧場に分けられます。前者は、種付けを終えた牝馬が仔馬《こうま》を生む場所であり、後者は牝馬を招いて種付けを行う種馬場です。種馬場は、スタリオン（種牡馬）ステーションともよばれています。

そして、生まれた仔馬を競走馬に育てるため、さまざまなトレーニングを行うのが育成牧場です。ここでは一歳になった仔馬に人の言うことをすなおに聞くとか、まっすぐ走るというような「しつけ」をして、競馬に出走して活躍《かつやく》できるようにすぐれた能力を身につけさせていきます。さらに、繁殖と育成を続けて行う、生産育成牧場があります。

馬の牧場が目指すこと

競走馬が競馬に出走するためには、馬主（オーナー）とよばれる個人や企業《きぎょう》などに所有されていなければなりません。わが国の競馬の規則では、馬主が競馬を主《しゅ》催《さい》する組織に馬を登録することで、その馬ははじめて競馬への出走の権利を得ることができるからです。ですから、わが国の競馬のしくみでは、牧場が自分で生産した馬を直接レースに出走させることはできないことになっています。ちなみに、現在わが国で競馬を主催しているのは、国の関連組織である日本中央競馬会（JRA《ジェイアールエー》）と東京都《とうきょうと》ほかの地方自治体です。

馬主が馬を購入《こうにゅう》する方法はいくつかあります。これまでは、生産者である牧場と購入者が直接取り引きする形もありましたが、購入価格が第三者にも知らされるオープンな取り引きが奨励《しょうれい》され、今ではセリ市での取り引きが主流となっています。わが国最大のセリ市は、8月に北海道《ほっかいどう》の新ひだか町で行われる「サマーセール」です。毎年このセリ市には、牡馬《ぼば》（オス）と牝馬《ひんば》（メス）合わせて数千頭の1歳馬が上場（出品）されます。

生産者は、牧場からセリ市の開かれる施設《しせつ》に仔馬《こうま》を運ぶと、セリの専門業者（コンサイナー）に委託《いたく》します。セリは、施設内にあるパレードリングという場所で行われますが、仔馬たちにはあらかじめ歩き方の訓練やグルーミング（馬の手入れ）がほどこされます。というのも、しっかりした歩き方をしていたり、毛並みなどが見ばえすることが、購入者（馬主の関係者など）の目に止まるポイントになるからです。馬主に購入された1歳馬は、育成牧場に預けられ、競走馬として教育されます。

一方、最近では基本的な調教をほどこされた2歳馬のセリ市が注目を集めています。仔馬が競馬にデビューするのは2歳ですが、その直前に行われる、トレーニングセールです。

ここでは、じっくり調教を積み、競走馬としていつでも出走できる準備が整った仔馬が上場されます。仔馬たちは、購入者の前で実際に走ります。そのタイムが発表されますが、より速いタイムを記録した馬はとうぜん購入者の注目を集めることになります。

このように、馬主は、牧場で生産された仔馬を購入しますが、牧場にとって馬の売買は大切な収入源となります。ですから、牧場が関係する馬主の数は収入を左右しかねません。それは、馬を安定して飼養できるかどうかという、牧場の運営にも影響《えいきょう》するのです。この点でも、牧場の経営は馬主との深いかかわりの中で成り立っていると言えます。

競馬には主催者から賞金が出ます。優勝した馬から順に賞金の額が決められており、もっとも高額の優勝賞金では3億円が提供されます。この賞金は、馬主、レースで馬に騎乗《きじょう》する騎手《きしゅ》、競馬に出走させるためレース直前にトレーニングをしたり世話をする調教師と厩務員《きゅうむいん》、そして、馬の生産者に配分されます。この賞金も、牧場にとっては大切な収入となります。

さらに、自分の生産した馬がレースに勝つことは生産者や牧場にとっては大きな栄誉《えいよ》となります。たとえば、日本中央競馬会では毎年年末には、その年にもっともすぐれた成績を残した競走馬や競馬関係者を顕彰《けんしょう》します。その中には優秀《ゆうしゅう》な馬を生産した牧場関係者も対象になっています。

また、競馬でレースに勝利することは、牧場の実績となり、馬主との信頼《しんらい》関係が築かれる礎《いしずえ》となります。たとえば、馬主は生産された仔馬を購入するだけではなく、自分で気に入った血統の種牡馬を購入して、その血統を持つ仔馬の生産を牧場に依頼《いらい》することがあります。その際、馬を預ける牧場を選ぶときには、これまでの実績に加えて、牧場との信頼関係の深さが大きな意味を持つのです。

これは現代の馬の先祖といわれているエオヒップスだ
■エオヒップス
約5000万年前にユーラシア大陸や北アメリカに分布。体高25～50センチメートルで前足に４本、後ろ足に３本の指があった。

草原馬
高原馬
森林馬
その後　馬は世界中の国に広がり在来種としてさまざまな環境《かんきょう》に順応していったんだ

人と馬の深いかかわり

このように馬の生産者は、牧場で繁殖《はんしょく》から育成を手がけるのがおもな仕事です。では、馬は人間とどのようなかかわりを持ってきたのでしょう。

●馬は世界中で愛されている　馬の人気は、犬や猫《ねこ》に匹敵《ひってき》し、世界中の国々で身近に広く愛されています。しかも、犬や猫よりも人間のために役に立ってきた動物といえます。遠距離《きょり》を人を乗せて走ったり、重い荷を乗せた馬車をひいたり、わが国でも昭和《しょうわ》の中ごろまで各地で活躍《かつやく》していました。

現在日本の都市部では馬の活躍するすがたを見なくなりましたが、外国では今もなお大きな都市で活躍する馬たちがいます。たとえば、オーストリアの首都ウィーンでは、車の間をぬうように観光馬車がゆっくりと走っています。また、アフリカのセネガルでは、馬が町の中のゴミ収集をしています。さらに、はてしない草原の広がるモンゴルや南米《なんべい》の国では、今なお馬が貴重な移動手段として活躍しています。

そのほか、欧米《おうべい》の大都市にある公園は自動車の乗り入れを禁止していますが、そのおかげで、人々は休日に公園内で乗馬を楽しむことができます。

現在、世界の国々で約６０００万頭の馬が飼われているという資料（農林水産省しらべ）があります。この資料の中で、１０００万頭を越える数の馬を飼っているのは、アメリカです。

このように世界中の国で愛されている馬と人間のかかわりはとても古く、人類が登場した時代にまでさかのぼると言われています。

●野生馬の歴史　馬は、もともと野生動物で集団生活をしていました。
馬が地球上にはじめて登場したのは、約５５００万年前のことで、アメリカやメキシコに生息していたというエオヒップスが最初と言われています。その存在は発見された化石から分かっており、体高が25～50センチメートルと小さく、キツネぐらいの大きさの動物でした。その後、エオヒップスは進化をとげて、約５００万年前には現在の馬の先祖といわれるエクウスが登場しました。エクウスは、アメリカ大陸からヨーロッパやアジアに分布を広げていきました。しかし、ほとんどが氷河期に絶滅《ぜつめつ》し、わずかに生き残ったヨーロッパ南部の馬がその後、世界各地に広まっていったのです。

この子孫の馬たちは、世界各地の気候風土に合わせて生息するようになりました。現在の馬も大きく分けると、草原馬、高原馬、森林馬の３種類に分けられるのです。そして、この中の高原馬が、その後の馬の進化に大きな影響《えいきょう》をもたらすことになるアラビア在来馬の先祖と考えられています。

野生動物として自由に大地を駆《か》けめぐっていた馬たちに、大きな転機がおとずれました。約７０００年前の新石器時代末から青銅器時代（約４５００年前）にかけて、ウクライナ地方では食用目的で野生馬をとらえ、家畜《かちく》として飼うようになったという記録が残されています。その後、インド、エジプト、中国に伝えられていったことが推測されていますが、いずれの地でも馬たちは物を運ぶといった荷役などに使われていたようです。そして、紀元前13世紀ごろには、馬を乗りこなし、伝達や移動の手段として使うようになったといわれています。そのきっかけとなったのが、馬の口に加えさせて操作するハミという道具の発明です。

馬を自由に乗りこなす騎馬《きば》民族や騎兵《きへい》が登場したのも同じころです。人びとは、戦争を通して乗馬の技術を高めていきましたが、それは、馬にとって戦争に利用されるという長い歴史のはじまりでもありました。

いろいろな目的で馬が活用されるようになると、人びとは、それぞれの目的に応じて使いやすいように馬の品種を改良していきました。その結果、現在、馬の品種は250種類以上を数えています。そして、フランスのブルトン、オーストリアのリピッツアー、アメリカのバロミノ、アルゼンチンのファラベラ（世界一小さな馬として知られています）など、それぞれの国の環境《かんきょう》に合わせて特徴《とくちょう》のある品種がいまも生まれ続けているのです。

その一方、純粋な意味での野生馬は20世紀のはじめにとうとう絶滅してしまいました。

●日本の在来馬　在来馬とは、もともとその国や地域に生息していた野生馬のことです。世界の国々には、それぞれ特徴のある在来馬がいますが、日本ではアジア大陸が地続きだった時代にわたってきた野生馬がそのまま残ったと考えられています。実際には、遺跡《いせき》から発掘《はっくつ》された骨によって、縄文《じょうもん》時代の前から狩猟《しゅりょう》の対象となっていたことが分かっています。その後、4世紀には当時の朝鮮半島《ちょうせんはんとう》から多くの馬が輸入されて家畜化が進みました。

日本の在来馬としては、トカラ馬、御崎《みさき》馬、木曽《きそ》馬、野間《のま》馬、北海道和種《ほっかいどうわしゅ》馬（通称、どさんこ）、対州《たいしゅう》馬、与那国《よなぐに》馬、宮古《みやこ》馬の8種類が伝えられています。

では、馬はどうして人間生活と深くかかわってきたのでしょう。まず挙げられる理由は、馬がほかの動物にくらべて、人を乗せるのにもっとも適している大きさであるという点です。馬の大きさは、体高が約50～約175センチメートル、体重は約50キログラムから約1・2トンまで大きさはさまざまです。その大きさによって、愛玩《あいがん》用から使役《しえき》までさまざまな用途《ようと》で多くの人びとに利用されてきました。

さらに、馬はたとえ体が大きくても小さくても、平気で大草原を高速で疾走《しっそう》したり、けわしい山道を駆《か》け上がることができます。これは、激しい運動に耐《た》えられる強い心臓を備えているからできることなのです。

このように、馬は、気候風土や地形がさまざまに違う場所でも、すぐに環境《かんきょう》に適応できる能力を持っています。そのおかげで、馬は、世界中で愛され飼育されてきたというわけです。

馬はもともと とても弱い 動物だった
ビクビク
いまでも物音や 環境《かんきょう》の変化には とても敏感《びんかん》で おびえたり興奮 したりしてしまう
でもこのように スキンシップ してあげると すぐになついて くれるんだ
ブヒヒ〜
でも大きい からなぁ

まず、サラブレッドを好きになること

牧場では、牧場主を中心にして多くのスタッフが活《かつ》躍《やく》していますが、共通しているのは馬が好きということです。馬は、やさしく触《ふ》れてくれる相手には、すぐになついてくれる動物です。逆に、警戒《けいかい》する相手には馬も身構えてしまいます。馬と仲良くなるためにも、少しでも多くの知識を身につけておきましょう。

まず出産です。牝馬《ひんば》の出産は年に一度で、一頭の仔《こ》馬《うま》が誕生します。北半球では春に、南半球では秋に繁《はん》殖《しょく》の時期がおとずれます。つまり、同じ年齢《ねんれい》の馬でも北半球と南半球では半年の差がつくことになります。

生まれたばかりの仔馬は、一生懸命《けんめい》に自分の力で立ち上がろうとします。やがて立ち上がった仔馬は、母馬のあとについてつねに行動します。母親の行動を見ながら学習していくのです。仔馬は、約半年間にわたって母乳で育ちますが、その間、母子は添《そ》い寝してスキンシップを図《はか》ります。

もし、成長した仔馬の行動に悪い癖《くせ》があれば、その原因はおさない時期に人間によって教えられたためだと言われています。つまり、仔馬の世話をいかに上手にできるか、その結果は、成長した馬の行動やしぐさにそのままあらわれるというわけです。とくに、生まれたばかりの仔馬と最初に触れあうハンドリングという行為は、もっとも気をつかわなければなりません。

このような繊細《せんさい》な神経のあらわれは、馬がもともと持っている野生の本能を忘れないからだといわれています。かつて野生だったころ、馬たちは集団生活を営みながら、臆病《おくびょう》なほど外敵に警戒をはらっていました。そんな「外界」への警戒心は、環境《かんきょう》の変化に対するおそれとして行動に表れます。このような馬の性格を理解することが、馬の生産にかかわる第一歩といえます。

ようし ぼくも牧場で 馬の世話を するぞぅ
牧場では毎年 夏になると…
牧場の牧草を 刈《か》るために アルバイトを 雇《やと》うよ
この広い牧場の 草を刈るのぅ
むずかしいのは 育成のための トレーニングだ これは技術を 持っていないと 無理なんだよ

牧場で活躍《かつやく》するために

馬の繁殖《はんしょく》にかかわる生産牧場のスタッフになるには、とくに農業系の学校を卒業していなければならないわけではありません。また、特定の資格が必要なわけでもありません。そのため、就業するための道すじはいくつかあります。

まず、夏場に多忙《たぼう》をきわめる草刈りなどのアルバイトをして、それをきっかけにスタッフになった人もいます。馬の世話に必要な技術や知識は、実際に働きながら、からだで覚えていくことになります。

そのほか、牧場がさまざまな媒体《ばいたい》の求人広告を利用して募集《ぼしゅう》することがあります。しかし、牧場での作業はきびしく、途中《とちゅう》でやめていく人もいるようです。牧場が持っているロマンあふれるイメージにあこがれるだけでは勤まりません。過酷《かこく》な作業に耐《た》える精神と肉体を支えてくれるのは、一にも二にも馬が好きという気持ちでしょう。

一方、馬の調教と管理をする育成牧場の場合は、しっかりした技術を持っていなければスタッフとして採用されません。育成の専門スタッフに求められるのは、サラブレッドの持つすぐれた能力を引き出し競馬で活躍する馬を育てることですが、生まれたばかりの仔馬《こうま》を競走馬として育て上げることは誰《だれ》にでもできることではありません。牧場で生まれて育つうちに、野生の本能に目覚めてしまうこともある仔馬にしつけを教え込むのです。たとえば、競馬で求められる最低条件は、まっすぐ走ることです。レースではたくさんの馬が一緒に走ります。馬は本来デリケートで気の小さい動物です。中には、すぐ近くに馬が寄ってきただけで萎縮《いしゅく》して、走る意欲を失ってしまう馬もいるのです。それでも、周りを押しのけて走る馬が、勝ち残っていくのです。もちろん、馬をあやつる騎手《きしゅ》の力もあるのですが、馬の闘争能力《とうそう》が勝利に結びつくのです。

育成の間は、まっすぐ走る能力や騎手による手綱《たづな》のコントロールにすなおに対応できる性格を引き出されます。そのしつけ教育が行われるのが、調教とよばれるトレーニングなのです。

このほかにも調教では、速歩（ダク）からゆっくりとした駈《か》け足（キャンター）、より速い駈け足（ギャロップ）など、いろいろな走り方を教育します。

こうして育成された馬は、牧場を離れて競馬に出走することになりますが、今度は競馬場に近い場所で調教されることになります。ここでは競馬に出走するための体調を整えるのが目的で調教されますが、もはや馬の性格を変えることはできません。いかに牧場での調教が大切であるかがうかがえます。このように競走馬として活躍《かつやく》できるかどうかは、すべて牧場での調教を担当する専門スタッフにかかっているのです。そこで注目されているのが、日本軽種馬協会の静内《しずない》種馬場（北海道《ほっかいどう》）にある、牧場の馬の調教や世話をする専門のスタッフを養成する養成施設《しせつ》です。ここで一定期間の研修を積み、そののち生産育成牧場で活躍することになります。施設では、牧場で即戦力《そくせんりょく》として活躍できるように、実技を中心に学んでいくことになります。

【生産育成技術者の研修生募集要項（2024年）】

■応募資格　義務教育修了者《しゅうりょう》／厩舎《きゅうしゃ》作業および騎乗訓練を行うのに支障がないこと／研修修了後、かならず競争馬の生産・育成に3年以上たずさわれること。騎乗《きじょう》経験、性別不問

■募集《ぼしゅう》人員と応募手続き　18名程度／本会所定の受講願書に、下記の必要事を記入の上、静内種馬場に提出する／履歴書・身上書／健康診断書（願書の様式に記入する）／住民票（添付《てんぷ》する）／写真1枚（3か月以内に撮影《さつえい》した、縦5センチメートル×横4センチメートル、正面上半身無帽《むぼう》のもの）を願書に添付

■試験期日と試験内容　9月／筆記試験（作文）および面接、口頭試問、運動適性検査

■試験地と合否　北海道《ほっかいどう》、東京《とうきょう》、関西《かんさい》、九州《きゅうしゅう》地区／合否は直接本人に文書で通知

■研修期間と費用　4月〜翌年3月／研修期間中の食材費および被服費等として約10万円を実費負担ほか

■研修内容

○講義：馬学全般（馬体の名称、体のしくみと働き、習性、進化の歴史、繁殖《はんしょく》、育成、セリについて、飼料、衛生、防疫《ぼうえき》、運動生理、競馬のしくみ　ほか）／馬術学（基本馬術、競走馬術、調教馬術）

○実技：馬の取り扱い（飼養管理、健康管理）／馴致《じゅんち》・調教（※ロンジング、ドライビング、追い運動、曳《ひ》き馬、初期馴致《じゅんち》）／騎乗（基本馬術、競走馬術、調教馬術、障害馬術）

※馬に乗らず長い手綱を使って、若い馬をならす調教の方法

○実習および見学：実習（種牡馬《しゅぼば》、繁殖牝馬《ぼば》、幼駒《ようく》飼養管理、栄養管理など）／見学（種付、セリ市場、競馬場、生産・育成牧場、トレーニングセール）

■日課表（平常日）

○5時30分〜6時：朝飼《あさがい》（馬に朝の餌をあたえる）　○6時〜：厩舎《きゅうしゃ》作業　○7時30分〜8時30分：朝食　○8時30分〜12時：騎乗訓練　○12時〜13時15分：昼食　○13時15分〜14時30分：講義・実習　○14時40分〜17時：厩舎作業　○17時〜22時：夕食・入浴・自由時間　○20時〜：夜飼《よるがい》（馬に夜の餌を与える）・門限

■研修修了後

就職先は、研修生自身が就職活動をして決定します。生産地の需要が高く、就職率は100%、そのうち90%が北海道内の生産・育成牧場です。

馬の牧場スタッフになるための進路

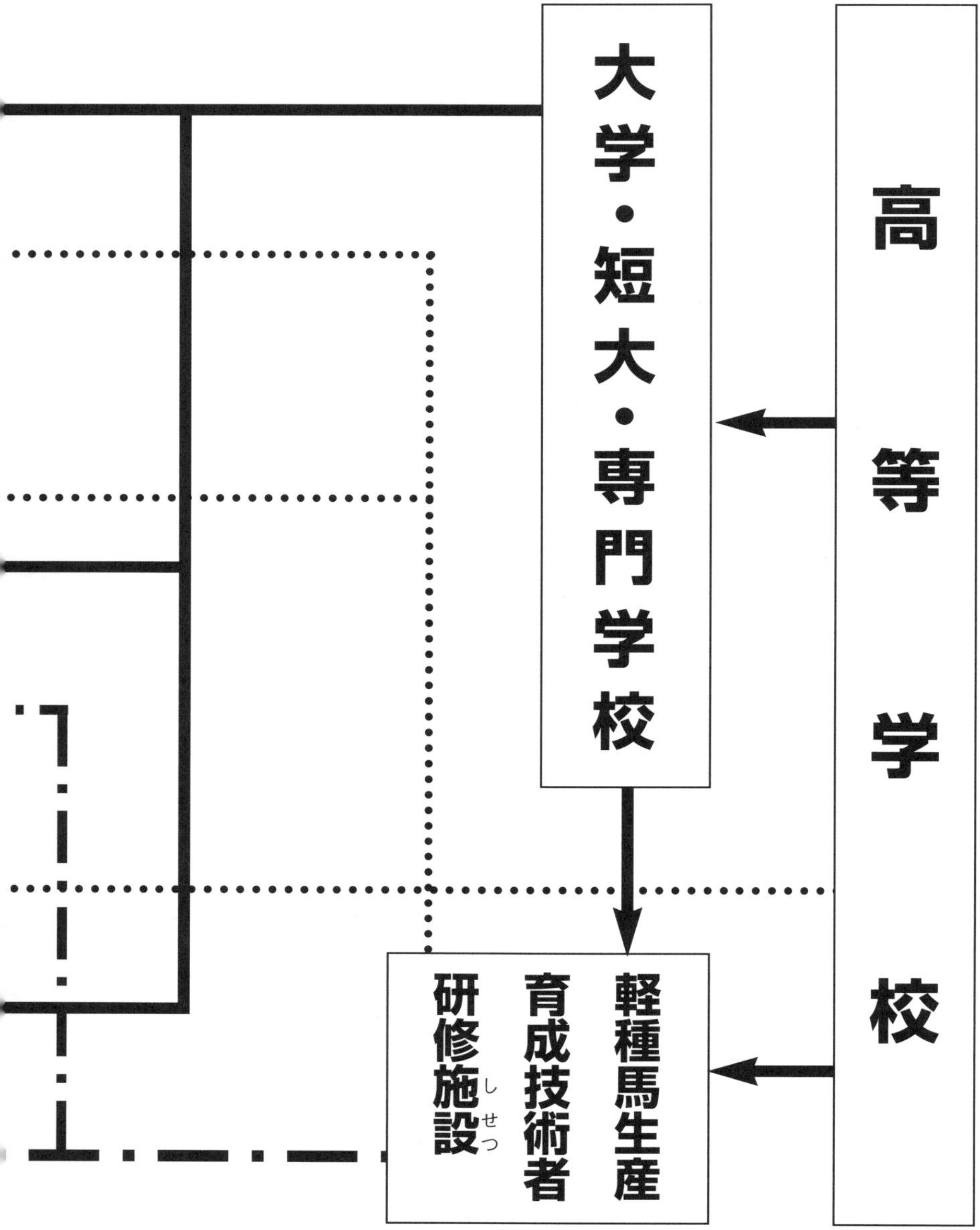

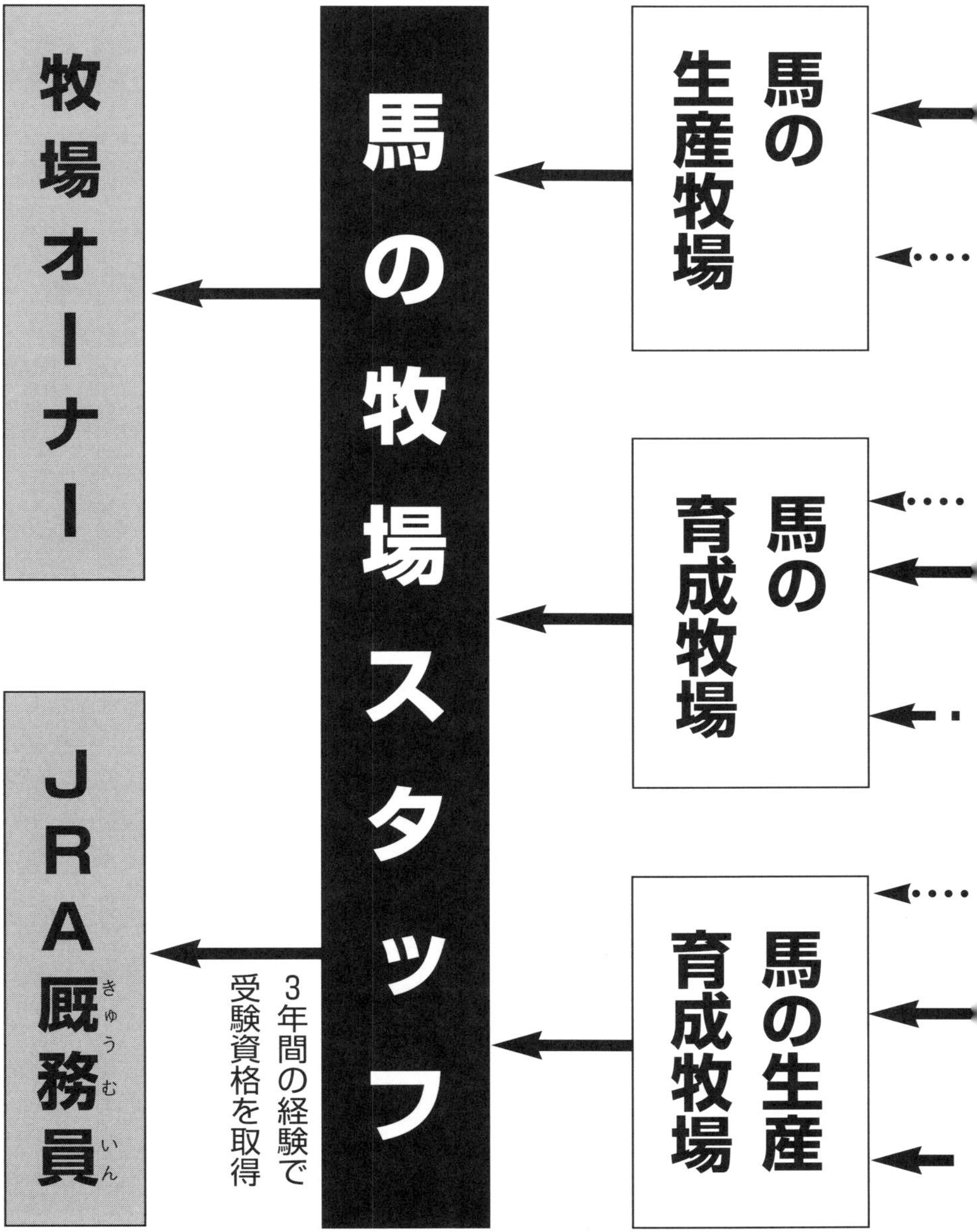

牧場オーナー
JRA厩《きゅう》務《む》員《いん》
馬の牧場スタッフ
3年間の経験で受験資格を取得
馬の生産牧場
馬の育成牧場
馬の生産育成牧場

■競走馬の特徴

《視覚》　視野は、後頭部をのぞいて350度あります。とくに後方の気配には敏感なので、世話をするときも馬のうしろに立つと蹴《け》られる恐れがあります。また、暗い中でも物を見ることが可能なので、夜でも行動することができます。

《餌》　飼葉《かいば》といわれます。１日３回与えられ、１日の量は平均約12〜15キログラムです。水は１日に約20〜40リットルの量を飲みます。主食は青草や乾し草です。これに栄養分である燕麦《つばめ》、小麦の皮（フスマ）、ニンジン、リンゴ、豆類、油カス、ニンニク、ハチミツ、角砂糖、塩、ビタミン、カルシウム、ミネラルなどが随時《ずいじ》、適量ふくまれます。

《睡眠》　平均睡眠《すいみん》時間は約３〜４時間です。ふだんは立ったまま眠りますが、疲れたときなどは横になったりうずくまって眠ります。

《耳で表現》　ふだん、平静な時は耳を前に向けています。怒ると耳を前とうしろに動かします。不安になると、耳をクルクル動かします。警戒《けいかい》したり敵意をもったときには、耳をうしろにしぼります。

《気持ちの表現》　気分が良いときは、高い声でいななき、尾を高く振って軽い足取りで歩きます。驚《おどろ》くと、鼻の穴をふくらませて、荒い息を吐きます。威嚇《いかく》するときは口を突き出して、歯をむき出します。蹴るときは、耳をしぼり、頭を下げて、尾を巻くように動かして尻を向けたりします。お腹がすいたときは、前肢《ぜんし》で地面をかいて見せます。甘えるときは、目を細めて頭や鼻づらをすり寄せます。

スタッフの仕事〜一年

馬の牧場の生活は、もちろん馬を中心に動いています。ここでは、北海道浦河《ほっかいどううらかわ》にある生産育成牧場の谷口《たにぐち》牧場を例に、一年を通して牧場のスタッフがどのような作業にかかわるのかを見てみましょう。

■牧場の一年　春は馬の繁殖《はんしょく》の時期です。母馬は一年に一頭の仔馬《こうま》を生みますが、早ければ2月ごろから出産がはじまります。スタッフは、一方で出産のめんどうを見ながら、同時に馬の交配（種付け作業）をしていきます。交配は、種牡馬《しゅぼば》と繁殖牝馬《ひんば》の相性やおたがいの血統を考慮《こうりょ》しながら行わなければなりません。

生産牧場の場合は、牝馬は交配するために種牡馬が飼養されている牧場に出かけます。多い馬で3〜4回、3週間間隔《かんかく》で交配に出かけて行き、作業は7月はじめまで続きます。優秀《ゆうしゅう》な血統を持つ種牡馬には交配の希望が殺到《さっとう》しますが、いずれにしても関係者にとっては優秀な仔馬を生産することが最大の目標であることは言うまでもありません。

しかし、交配がすべて成功するとはかぎりません。不受胎《ふじゅたい》や流産という場合もあるのです。そのため、繁殖牝馬を飼養する生産牧場では、受胎を確認するまで不安でいっぱいのときを過ごすことになります。

もし無事に受胎していれば、牝馬は交配ののち、約11か月の妊娠《にんしん》期間を経て出産の瞬間《しゅんかん》を迎《むか》えます。とは言っても陣痛《じんつう》がはじまった牝馬は、すぐに仔馬を生むわけではありません。牧場のスタッフは、陣痛が始まったときから出産までのあいだ、寒さに耐《た》えながら交代で母馬のようすを見守ります。でも、この時期は、生産者にとって不安はあるものの、大きな期待に胸ふくらませるときでもあります。そして、いよいよ獣医《じゅうい》が立ち合って出産です。多くの場合、出産は深夜にかかることが多いといいます。新人スタッフも、先輩《せんぱい》の指示にしたがい手伝いをします。

■セリ市と牧草刈《か》り

新しい仔馬《こうま》が生まれても、スタッフにはひと息つくひまはありません。今度は、前の年に生まれた1歳馬をセリにかけなければならないからです。サマーセールといわれるセリ市（114ページ参照）は、毎年6月から10月にかけて開かれます。牧場では、セリ市の日程に合わせて1歳馬をトレーニングします。セリ市に出して人前で暴れないように、おとなしく歩かせるために手綱《たづな》を持って引き運動をしたり、走行運動をしながらからだ作りをしていきます。

この時期、牧場スタッフは手塩にかけて育てた愛馬《あいば》が少しでも高く売れてほしいと願う一方、手元から離れていくことにさびしさも感じることになります。

一方、牧場でもっとも大きな仕事のひとつである牧草の刈り取りが6月下旬ぐらいからはじまります。刈り取られた牧草は貯蔵され、馬たちの一年間の食料となる乾草《ほしくさ》が作られます。まず、6月から7月にかけて一番草を収穫《しゅうかく》します。一番草とは、その年にはじめて刈り取られた牧草のことをいいます。乾草ができるまで天気の良い年で7月下旬から8月の前半までかかります。

そして、お盆《ぼん》休みが終わると、9月から10月にかけて再び草刈りをします。これが、二番草です。

二番草が刈り取られる秋になると、春に生まれた仔馬が母親と離れて暮らすときがおとずれます。これが、子別れであり、いよいよ仔馬が独立するための儀式《ぎしき》なのです。仔馬は、それまで母親と一緒に生活していた場所（馬房《ばぼう》）から引き離されます。この瞬間《しゅんかん》、仔馬は母馬を慕《した》って泣き続けます。スタッフにとっても、仔馬の泣き声を聞くのはつらいものです。でも、出産に立ち会った我が子のような仔馬が、成長するための第一歩の門出《かどで》です、ひそかに祝う気持ちもあるのです。

その後、9月から10月にかけてセリ市があります。再び、セリ市の日程に合わせて馬を調教します。セリ市が10月に閉まると、ようやく牧場での一年の作業は終わりを迎えます。

しかし長い冬の間も、給餌《きゅうじ》や馬房の手入れなど日常的な馬の世話と運動は一日も欠かさず続けられます。

■馬の訓練　馬の育成を手がける牧場では、一歳を迎《むか》えた仔馬に競走馬としての馴致とよばれる訓練を開始します。専門の技術を持ったスタッフがあたりますが、

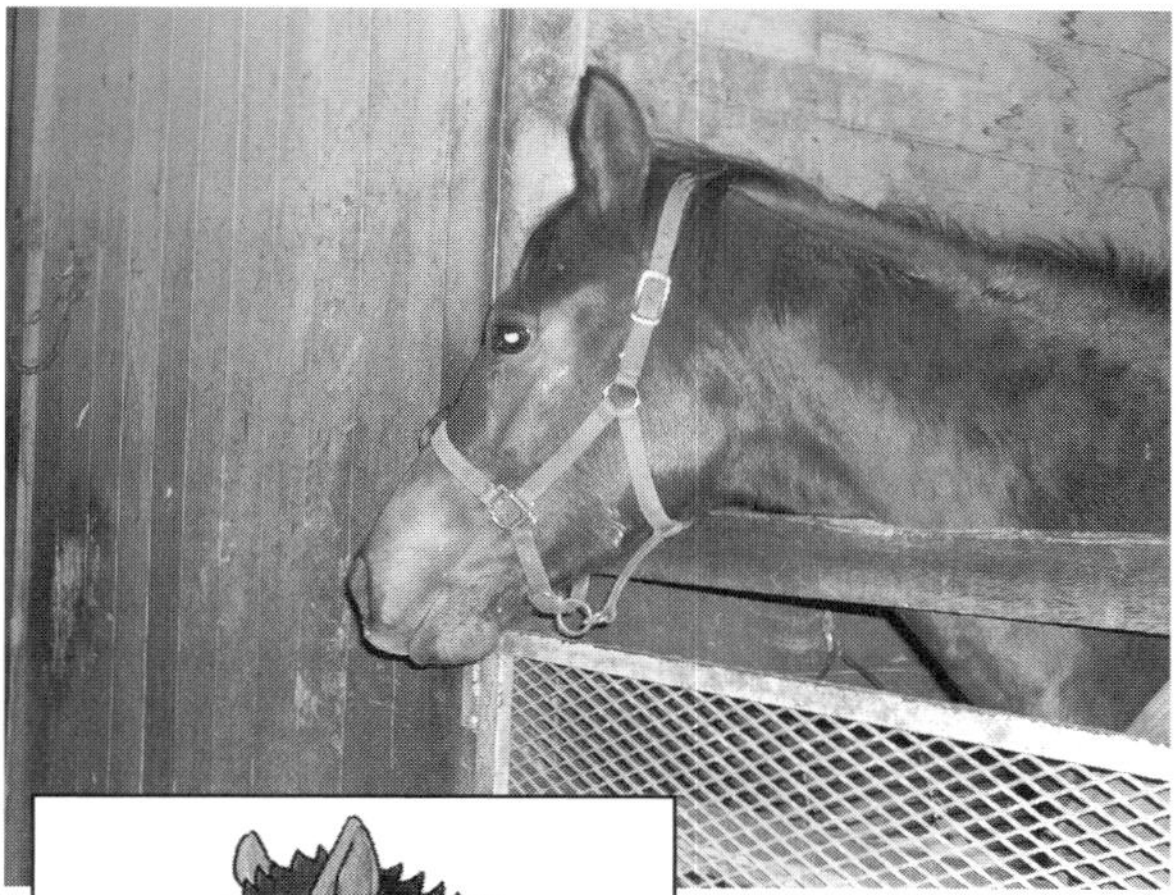

ハミは、馬の口にかませて使う細い金の棒。左右の金輪に手綱を結び、騎手が馬にいろいろな指示を出します。

もっとも大切な目的のひとつは仔馬が人間の言葉にしたがって行動するようにしつけることです。

まず最初に行われる学習は、ハミの訓練です。ハミは人がいろいろな指示を与えるために、馬の口にくわえさせるもっとも大切な馬具です。そのむかし、野生の馬がはじめて家畜《かちく》化された時代に発明され、現在まで使われているのです。ハミになれることで、仔馬からは野生本能が消えていくと言われています。その後、人が乗らない引き運動がはじまり、すなおにしたがって行動することを覚えさせます。

そして、ようやく鞍《くら》をおいて走る訓練です。しかし、鞍を嫌がり暴れる仔馬も少なくありません。こうして、調教コースでいろいろな走り方の訓練が加えられていきます。このとき、同時にまっすぐ走るというような基本的なマナーも教え込まれるのです。

いずれの場合も、調教するスタッフは、ときにきびしく、しかしやさしい思いやりの気持ちを伝えながら仔馬に接していきます。この時期のしつけが、のちにすぐれた能力を発揮する名馬を生みだすのです。

これは生産と育成をいっしょに行う牧場のようすだよ
スタッフも馬と一緒に生活しているんだ

スタッフの仕事～一日

生産育成牧場は、広大な牧草地を中心に馬の住まいである厩舎《きゅうしゃ》、引き運動をするサークル、調教を積むためのコース、そして牧場スタッフの住まいで構成されています。厩舎には、馬が寝起きしたり食事をする馬《ば》房《ぼう》、飼料をたくわえておく倉庫、馬の食事を作る調理場、馬具を納めておく倉庫、水場などがあります。馬房には、種牡馬《しゅぼば》や繁殖牝馬《はんしょくひんば》などが一頭で入る単馬房と、育成中の仔馬が数頭で入る追い込み馬房があります。

スタッフは、毎朝4時前に起きて馬の朝飼《あさがい》の用意をします。メニューは、栄養分の多い濃厚《のうこう》飼料と主食である粗《あら》飼料を配合したものです。その配合量は、馬の年齢《ねんれい》や妊娠中《にんしんちゅう》、運動量によって違いますが、大量の食事の食べ方を見れば健康の具合が分かるのです。

食事が終わると、スタッフは馬を運動させ、その間に寝わらを替《か》えて馬房を清潔に保ちます。馬房の掃除《そうじ》は、馬の健康を保ち病気の予防にもつながります。寝わらの交換《こうかん》は、朝の運動の間と午後の運動のあとの2回行われます。

そして、馬へのブラッシングも欠かせません。ブラッシングは、皮膚《ひふ》を丈夫《じょうぶ》にして血行を良くしますが、同時に人と馬の大切なスキンシップのひとときなのです。また、馬の健康状態は毛のツヤに出ますから、ブラシを使いながら馬の健康をチェックすることもできるのです。牧場スタッフにとっては、そのほか備品のチェックや修理、草刈《か》りなども大切な仕事です。

日が暮れかかると、放牧した馬を集めて馬房にもどします。そして、夜の8時ごろになると馬に食事を与えて、馬の世話は終わります。でもスタッフは、そのあとも厩舎に異常がないか見回り、ようやく就寝するのは深夜になることもあります。

あれは伝統行事の流鏑馬《やぶさめ》だ
ここでは乗馬を体験できるんだ
オリンピックの種目には馬術競技があるよ
馬はいろいろなところで活躍《かつやく》しているね

馬をめぐる新しい動き

わが国での馬の生産が競走馬を中心に行われていることはこれまで触《ふ》れてきたとおりです。でも、馬とかかわりながら活躍できる場は、牧場だけではありません。そこには、馬とかかわる多くのスタッフが活躍しています。

まず、スポーツ・レクリエーションでは馬術競技、乗馬教習などを行う乗馬学校、馬術クラブ、ホース・トレッキング、観光牧場などがあります。ここでは、お客をガイドしたり乗馬技術を教えてくれる乗馬インストラクターが活躍しています。

スタッフは、乗馬技術はもちろん、馬の管理のプロとして、毎日を馬と接しています。食事や馬房《ばぼう》の整理、馬の世話の内容については、牧場スタッフと変わりません。

一方、馬のふしぎな能力を知らされるできごとが話題になっています。機能障害を持つ人たちが乗馬を楽しんでいるうちに、機能が回復する場合があるというのです。これは、1995年に発足《ほっそく》した日本障がい者乗馬協会の活動の中で報告されたものです。

このような乗馬体験は、ヒポセラピー（乗馬療法《りょうほう》）といわれ、古代ローマの時代から注目されてすでに海外では効果が実証されているリハビリ法なのです。実際には、理学療法士の助言をもとに、馬の性格や乗馬技術を熟知したインストラクターが活躍します。豊富な知識や経験と馬への愛情が、障害のある人と馬のコミュニケーションを支えています。

しかし、ヒポセラピーの分野では、まだまだすぐれたインストラクターの数が不足しています。医療《いりょう》の場での馬の役割が期待されている中で、担当するインストラクターという職業は大いに注目されています。

日本の競馬界にはさまざまな形で新しい動きが出ているんだ
うへぇ!
国が管理する競馬を主催《しゅさい》するJRA《ジェイアールエー》では、外国の馬が出走できるレース（国際交流レースという）の数を増やし、現在では中央競馬だけで174レースが国際競走です。また、生産地の牧場では、外国からすぐれた血統の種牡馬《しゅぼば》や繁殖牝馬《はんしょくひんば》が輸入されて、日本の馬と配合されています。
今、競馬の世界には国際化の波が押し寄せているね
その背景には世界で通用する日本の競走馬を作りたいという夢があるんだ
ようし!! ぼくが牧場で働いて強い馬を作ってやるぞ
ブヒヒン
頼むよ

未来をひらく強い馬の生産

わが国の競馬では、長い間にわたり外国の馬がレースに出走したり繁殖にかかわることができませんでした。ところが、いまでは外国の世界的に有名な血統の種牡馬や繁殖牝馬が輸入されてもよいことになり、国産の馬を生産している牧場にとっては脅威《きょうい》となっています。外国の馬は日本の馬にくらべて高額でも、すぐれた血統の魅力《みりょく》によって人気があるのです。その影響《えいきょう》はセリ市にもおよび、せっかくセリにかけた国産の馬が売れ残ることもあります。これは馬の生産者にとって深刻な事態ですが、強い馬を作るという最大の目標を考えると、外国の高価な馬を輸入することをかんたんに否定することもできないのです。

そんな状況の中で、日本の馬が世界の有名な競馬に出走して好成績をおさめるという明るいニュースも聞かれます。この結果は、日本で生産された馬が世界市場で評価されることにつながります。それこそ、生産牧場にとっては夢の実現です。

このように競馬が世界的な視野でとらえられるようになったいま、日本の競走馬の実績が世界の尺度で測られるときがごく近い将来にもおとずれるはずです。それは日本の馬の生産に国際感覚が求められるようになる、ということでもあります。

実際、馬の牧場では、スタッフが海外の牧場で研修を積むなど、すでに世界を視野に入れた馬の生産に向けて一歩を踏《ふ》み出しています。そんな未来を展望するとき、馬の生産育成を目指すあなたの前には大きな夢が広がっています。それは、自分で手がけた馬が世界のひのき舞台《ぶたい》で大活躍《だいかつやく》するすがたです。

だから私はこの仕事

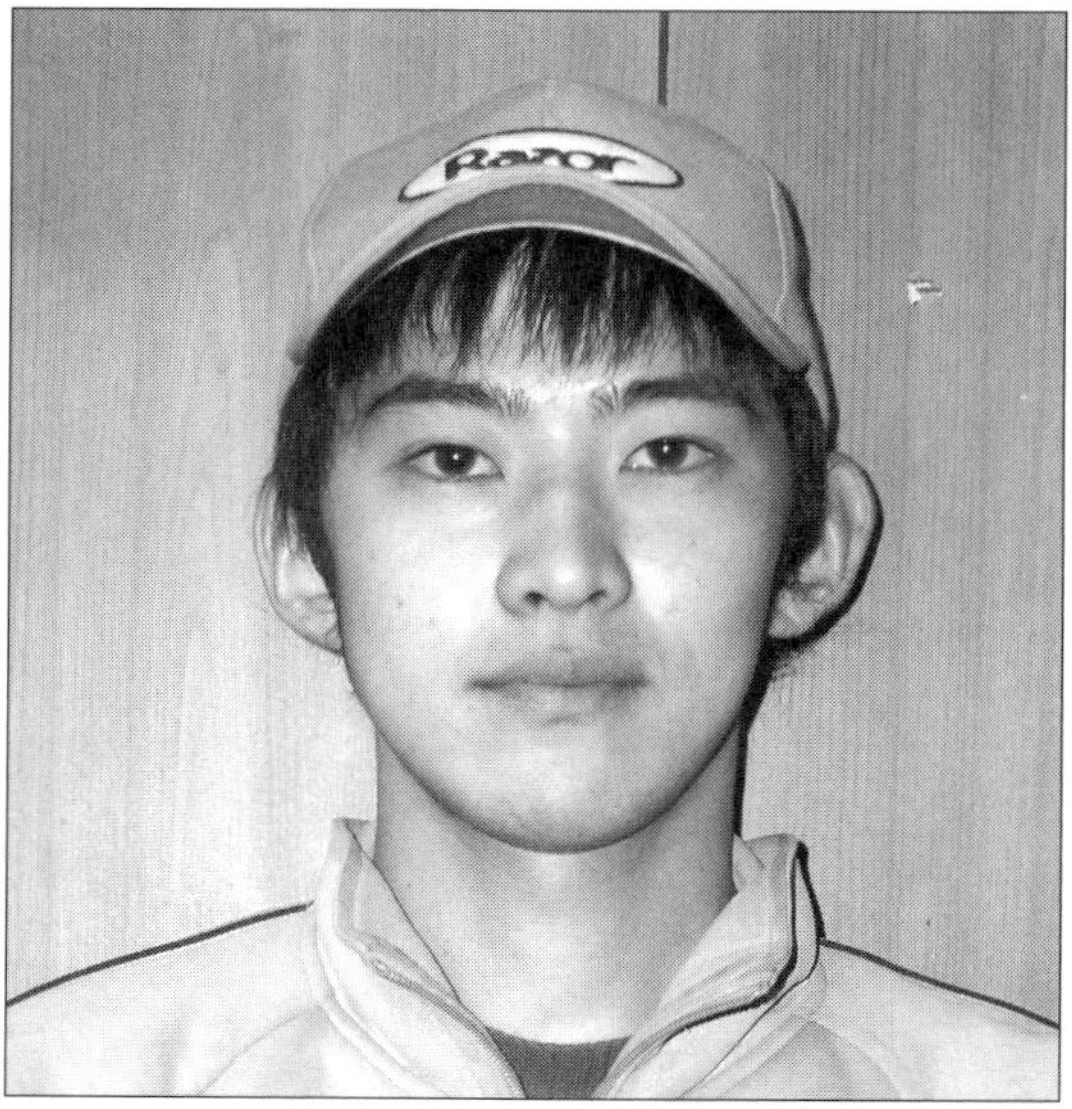

藤村《ふじむら》　洋平《ようへい》さん

（北海道浦河谷口牧場スタッフ）

自分が繁殖《はんしょく》から育成までを手がけた馬が、競馬に出走して活躍《かつやく》するすがたを見守っていきたい。

中央競馬の厩務員《きゅうむ》を目指しています。

——牧場で働こうと思ったきっかけを教えてください。

藤村　もともと動物が好きで、それから競馬にも興味を持っていたので、牧場の仕事ができたら楽しいんじゃないかと思ったんです。

——やはり、大学は農業系の大学ですか？

藤村　いいえ、馬とはまったく無縁《むえん》な一般の大学でした。

――進路を決めたのはいつごろですか？

藤村　昨年の春に大学を卒業したんですが、その年の夏ごろです。実《じつ》は、弟がこの牧場で2年ぐらい前から働いていて、そのつてをたどって去年の夏休みにこの牧場でアルバイトで働かせてもらったんです。実際にお手伝いして、牧場で働きたいという意を強くしました。

――※1JRA《ジェイアールエイ》の※2厩務員を目指しているとうかがったのですが、その理由はどんなことですか？

藤村　やるからには競馬の一番近いところで働きたいと思ったんです。

――厩務員の資格として何年か牧場で経験を積まなくてはいけないですよね？

藤村　はい。試験を受けるのに経験3年以上が必要です。

――谷口《たにぐち》牧場で働きだしてどれぐらいですか？

藤村　半年です。

――実際に働いてみてどうですか？

藤村　最初は体がついていかなかったですね。朝が早いとか、学生のころとは生活が180度違うので。

――最初はどんな仕事をしたんですか？

藤村　最初は寝ワラあげばかりでした。馬にさわることはほとんどありませんでした。

――いつごろから馬に触《ふ》れるようになりましたか？

藤村　一週間ぐらいすれば、手入れから始《はじ》めて馬をひいたりするようになりました。

やはり、馬に乗っているときが一番楽しいです。

――馬の手入れとは、具体的にはどのようなことをするのですか？

藤村　ひと言で言えば、馬をきれいにするんです。皮膚《ひふ》にほこりなどがたまったまま汚《きたな》くしていると、皮膚呼吸ができず病気になったりするので、アカとかほこりを出してやります。それに馬は商品ですから、お客さんが見るときに美しいからだに仕上げておくことも大切なんです。

※1…国が管理する競馬を運営する団体　※2…競馬に出走が決まった競走馬を預けるトレーニングセンターという施設で、競走馬の世話をする人

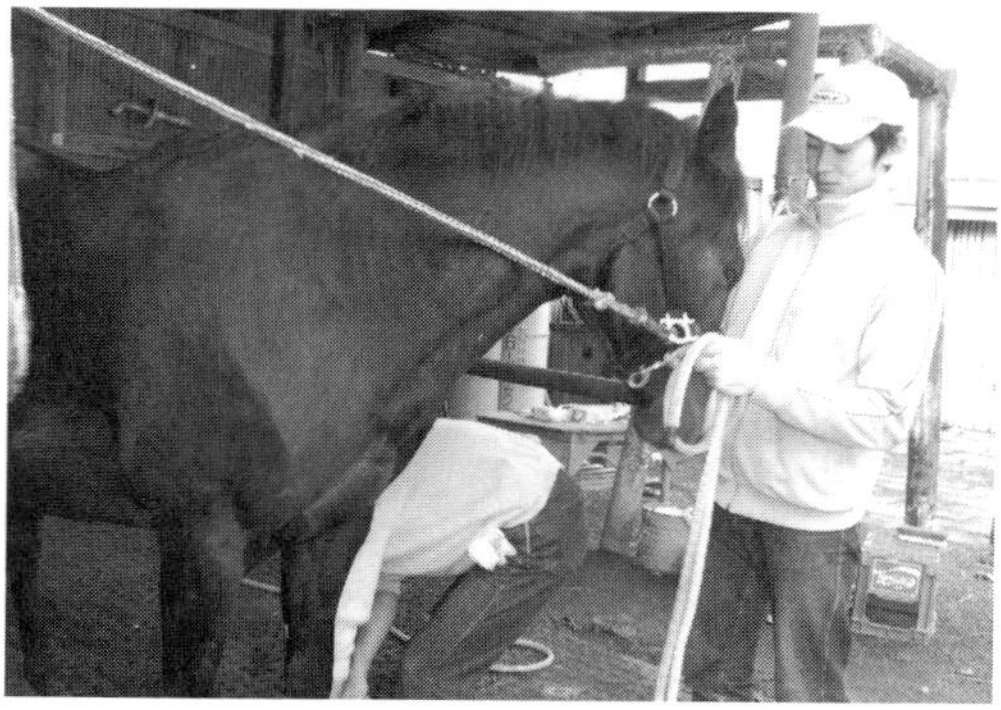

―仕事をして、一番つらいのはどんなことですか?

藤村　最初は肉体的なことでしたね。からだがなれるまではきつかったですね。

―楽しいとか、うれしい点はどんなことですか?

藤村　馬の成長を感じることができたときですね。何をするにもいやがるんですよ。それが教えていくうちにできるようになっていくのはうれしいですね。

―一日の作業の中で一番好きな作業は?

藤村　やっぱり、馬に乗ってるときが一番楽しいですね。

―馬との相性とかはあるんですか?

藤村　すぐ怒《おこ》りやすい人は牝馬《ひんば》はちょっとだめとかはあるかもしれませんね。牝馬は怒ると逆にむくれちゃったりするんで。

―いまいちばん身につけたいことは何ですか?

藤村　騎乗《きじょう》技術、乗馬技術ですね。

もっと馬のことをより深く理解したいと思います。

―いまは完全に馬中心の生活なんですよね。

藤村　そうですね。生き物が相手なので休みも少ないですし、遊ぶ時間もないですね。でもそういうのも覚悟《かくご》して入ってきているので、そういうのがいやだったらきてないですね。

―それだけ魅力《みりょく》があるってことですね。

藤村　はい。

―ほかに身につけたいことはありますか。

藤村　馬の病気や、この怪我《けが》にはどんな処置をしなきゃいけないとか、風邪《かぜ》をひいたらどうするとか、そういう馬の体調に関《かか》わることをもっと学んでいかなきゃいけないと思っています。もちろん馬を診る獣医《じゅうい》がいますが、これからは、自分でも馬の体調を管理することができれば、と思っています。それが馬のことをより深く理解することにもつながるからです。

馬を生産する魅力を知ることができました。

――最後に将来の夢はなんですか。

藤村　まずはJRA《ジェイアールエー》の厩務《きゅうむ》員になることです。その次は調教助手、なれたら調教師。夢ですけど。

――最終的には調教師になりたいんですね？

藤村　はい。かなり難《むずか》しいですけど。厩務員以上に狭《せま》き門ですから。

――厩務員と調教師の違いを教えてもらえますか？

藤村　厩務員は馬を管理するんです。調教師は厩舎全体を管理するんです。十何頭も管理して、調教のメニューを決めたり、馬を選ぶのも調教師なんです。厩務員は一人につき2頭を担当します。実務的な馬の世話をするのが厩務員です。

――最終的な夢はそこなんですね。

藤村　はい。でも牧場で働くようになって、生産の魅力も知ったので、生産牧場もできたらいいなとも思っています。

――生産の魅力とは？

藤村　自分の馬を持って、自分の配合で、この馬にこの種馬をつけたら走る馬が産まれてくるんじゃないかと考えて、生まれてきたその馬の成長を一から見守り、それが競走馬になって競馬場を走る、それはすごい魅力だと思います。

馬の牧場スタッフ

適《てき》性《せい》診《しん》断《だん》

まず、動物が好き

馬と接するために欠かせないスキンシップでは、素手で馬に触《ふ》れることもあります。馬はとてもおくびょうで、近寄る人に警戒心《けいかいしん》を持ちますが、やさしく触れてあげれば馬も安心してなれてくれます。

計画性がある

食事をあたえたり運動させたり、寝床《ねどこ》を整えたり。馬の世話を毎日決まった時間にしなければなりません。生きている馬が相手ですから、自分で予定を立てて、段取よく行う必要があります。

協調性がある

広い牧場で仕事をこなしていくためには、スタッフ同士の協力が欠かせません。そのためには、人の意見を聞いたり理解することはもちろん、自分からも積極的に意見を述べる姿勢が求められます。

もっと、くわしく知りたいときに

■全国にある競走馬の牧場について知りたいときは

競走馬のふるさと案内所

URL　https://uma-furusato.com/

■将来、牧場で働きたいと思ったら

競走馬生産・育成牧場　就業応援サイト「ＢＯＫＵＪＯＢ」

URL　https://bokujob.com/

この本を作った人たち

企画構成／草川　昭
編集制作／保科和代
山下恵里佳
大庭　哲
橋本真理子
高田　順子（以上、ヴィットインターナショナル）
編集協力／吉津　實
漫画制作／山田三平
小沼洋一
延原利定
池田鷹一
イラスト／くさかべまさみ
デザイン／アイル企画
写　　真／吉田　実、山下恵里佳
写真提供／香川県漁業協同組合、岡山県漁業協同組合、
株式会社スリーエイト
協　　力／香川県漁業協同組合、庵治漁業協同組合（香川県）
岡山県漁業協同組合、日生町漁業協同組合（岡山県）
一般社団法人日本養蜂協会
吉田忠晴（農学博士、元玉川大学学術研究所教授、
元玉川大学学術研究所ミツバチ科学研究施設主任）
株式会社スリーエイト
東京都養蜂組合
谷口牧場
公益社団法人日本軽種馬協会

「people」「だから私はこの仕事」の内容はインタビュー当時（2003年）のものです。

■参考資料■

『ザ・漁師』一般社団法人大日本水産会
『漁師への道』一般社団法人大日本水産会
『競馬ワンダーランド』ぴあ
『ミツバチの絵本』農文協
『ニホンミツバチの飼育法と生態』玉川大学出版部

知りたい！なりたい！職業ガイド

生き物を育成する仕事〈新版〉

二〇〇四年三月三〇日　第一刷
二〇二〇年三月二〇日　改訂新版第一刷
二〇二四年七月二三日　改訂新版第三刷

編　集　ヴィットインターナショナル企画室
発行者　中村宏平
発行所　株式会社　ほるぷ出版
東京都千代田区九段北一―一五―一五
電話　〇三―六二六一―六六九一
印　刷　共同印刷株式会社
製　本　株式会社ブックアート
ISBN978-4-593-10195-5　144P　210×148mm　NDC375